Pantuflas de Fracaso por Botas de Conquista

Carlos Henrique Alves

Título: **Pantuflas de Fracaso por Botas de Conquista**
1° Edición: diciembre 2020
Copyright © 2020 por Carlos Henrique Alves
© De los textos: Carlos Henrique Alves
Ilustración de portadas: Paola de Carvalho Alves
Clasificación: Religioso. Vida Cristiana/Práctica. Liderazgo
Textos Bíblicos tomados de Reina Valera (1960)
Todos los derechos reservados
Prohibido su reproducción por cualquier medio
escrito, electrónico o de amplia difusión.
ISBN: 978-958-49-0407-2
Para más información:
Escritor, Carlos Henrique Alves
Email: **Prcarlosalves@hotmail.com**
Facebook: **https://www.facebook.com/carlos.h.alves.338**
Instagram:
**https://www.instagram.com/invites/contact/?i=obxfr1dwdyvi&utm_content
=bsw6q4**

A los tesoros de mi vida:
Simone, Felipe y Paola.

ÍNDICE

PRÓLOGO

A petición del autor, acepté escribir el prólogo de este libro, especialmente ahora que me acerco a mis 94 años.

Pude apreciar que la obra, Pantuflas de Fracaso por Botas de Conquista, contiene poderosas instrucciones que te ayudarán a comprender los tiempos de la vida.

El autor, con la capacitación de Espírito Santo, supo plasmar, a través de un texto ilustrativo y de fácil comprensión, cómo usar los "zapatos" correctos en el momento oportuno.

Carlos Henrique, es pastor de nuestra iglesia Asamblea de Dios - Min. Belém en São Paulo. Ha desarrollado su llamado misionero en esos veintitrés años, la mayoría de ellos en Colombia, y sin duda ha atesorado una profunda experiencia que le permite ponerla a disposición de quienes quieran seguir avanzando para alcanzar sus metas.

Quiero enfatizar mi gran aprecio por el autor, por su esposa, la misionera Simone Alves y sus hijos Felipe Henrique y Paola Alves. He acompañado su caminar, y hemos sentido su lealtad y sincera amistad, usando siempre la protección adecuada para "sus pies".

Ciertamente, durante el transcurso de su vida junto a su esposa y familia, ha enriquecido a muchos con sus enseñanzas, no solo en Brasil, sino especialmente en Colombia, donde ejerce su ministerio.

Entonces, en la lectura de este libro, encontrarás instrucciones que te serán de gran utilidad en tu vida diaria, además de ser un deleite de gran valor.

Pastor José Pereira da Silva

1er. Secretario Asambleas de Dios - Min.do Belém.

São Paulo, Brasil

INTRODUCCIÓN

Pantuflas de Fracaso por Botas de Conquista es un compendio de reflexiones, hechas a diario, recibidas por medio de un tiempo con Dios. Aquí hay orientaciones, consejos y principios de vida, inspirados en porciones de la carta más importante recibida por la humanidad: la Biblia.

El título hace alusión a dos objetos que poseen la misma finalidad: la protección de los pies. Pero, cada cual es usado según el momento que se vive y las circunstancias que nos rodean.

Cuando de momentos de descanso se trata, el uso de pantuflas es extraordinario, sin embargo, no se puede escalar montañas con pantuflas, tampoco caminar en la arena de la playa con botas, pues la incomodidad sería notoria en ambos casos y nos impediría desarrollar nuestro máximo potencial. De aquí, la exposición del tema principal: "Muchos están perdiendo sus batallas por no usaren las armas y/o herramientas apropiadas".

Encontrarás, con seguridad, en cada una de sus páginas, consejos y principios que te ayudarán a tomar las armas y/o herramientas apropiadas, así como el camino para llevarte a transitar por una senda acertada.

Reflexiones, precisas y pertinentes, que te conducirán a la satisfacción de ver un excelente resultado en todo lo que hagas y emprendas.

Consejos y principios que no fueron creados en la compleja y fascinante fábrica de la mentalidad humana. Son destellos de entrelíneas de esta Magna Carta, que hace miles de años, nuestro amado Padre celestial nos dejó. Es la "parte B" del texto que a veces no consideramos. Son esas palabras y "frases gritonas" que fijan nuestra mirada hacia ellas, y con sonidos pertinentes resuenan en nuestra mente y corazón.

Consejos y principios que considerados y aplicados correctamente, te pueden conducir de una senda impregnada de decepciones, desilusiones, fracasos, insatisfacciones; a una senda marcada por realizaciones, alegría, conquistas, éxito, gozo y satisfacción.

Llevarte a tener la dicha de iniciar cada día y no dejarte cubrir con "esas cobijas calientitas y tentadoras" del desánimo, sino que abrir las ventanas de tu casa y de tu mismo ser y gritar: "¡Este es el día que me dio el Señor, en él me alegraré! ".

Así que, preparémonos para escalar nuestras montañas de conquistas y, para hacerlo, cambiemos estas "pantuflas de fracaso", que el enemigo insiste en ponernos, por "botas de conquista", que Dios tiene preparadas para cada uno de nosotros.

Con cariño,

Carlos Henrique Alves

La palabra del hombre
hace vibrar su sistema auditivo.
La Palabra de Dios
hace estremecer ¡todo su ser!

RECOMENDACIONES

Cada reflexión trae en su texto respectivo, comprensión y sentido pleno. Sin embargo, para cada una de ellas está la referencia bíblica, que podrás encontrar en las últimas páginas.

Será un complemento de gran ayuda leer la porción correspondiente a cada reflexión, para que estés enterado e impregnado de la historia de conquista, tan intensa e impresionante, que vivían los personajes.

Mantente "abierto a recibir" los consejos aquí inseridos. Se dice que los consejos los podemos recibir o rechazar y eso es obvio, pero la Palabra de Dios dice que en la multitud de consejos hay sabiduría: "Los pensamientos del hombre son frustrados donde no hay consejos; Mas en la multitud de consejos se afirman". (Proverbios 15:22).

La decisión de cambio la tomamos cada uno, es algo singular y particular. El más interesado en nuestro avance y desarrollo debemos ser nosotros mismos, así que, si Dios te orienta a través de esas reflexiones a considerar algo, no te quedes solamente en la teoría, sino que practícalo.

Hay muchos con sus mentes repletas de teorías, ¡pero que no mueven sus pies!, y las mentes cargadas con las más impresionantes y admirables teorías, sin la acción pertinente, no tienen el poder de llevar a ningún lado. El saber amplio e inaplicado del ayer, es el verdugo despiadado del hombre sin conquista del hoy.

TUS ARMAS

DEBES CONOCER CON QUIEN ESTÁS PELEANDO, PARA TENER CLARIDAD QUE ARMAS USAR

Josué 12:1-24

Es interesante observar que los reyes vencidos por el pueblo de Israel, son nombrados uno a uno "con lujo de detalles", así como, también es nombrado las características específicas y propias de cada uno de sus territorios.

Debes conocer bien con quién estás luchando, a quién estás enfrentando, saber su nombre y características, para tener claridad de qué armas vas a usar y de qué manera vas a accionar. ¡Muchos están perdiendo sus batallas por usar el arma que no es! Algunos están peleando, por ejemplo, con aquellos que no les dan una oportunidad, cuando deberían pelear en contra de la inercia, que les impide adquirir las capacidades para recibir tal oportunidad. Están siempre evidenciando su "mala suerte en la vida", cuando deberían enfocarse en la "senda de los procesos", para que los resultados sean diferentes.

Muchos están peleando lo espiritual con armas naturales y lo natural con armas espirituales. Un día, cuando Jesús enfrentó una situación adversa (una fuerte tempestad) Él "habló" al mar y "reprendió" al viento (Marcos 4:39), evidenciando con eso, que Él sabía perfectamente, que Él tenía claridad, con quién hablar y a quién reprender.

Hoy en día, hay muchos que están "reprendiendo" al mar y "hablando" con el viento, cuando deberían hacer todo lo contrario. Hay situaciones en tu vida con las cuales debes hablar y otras que definitivamente ¡debes reprender!

Conoce bien a quién realmente tienes que enfrentar, con quién tienes que luchar y entonces, agarra el arma apropiada para hacerlo. Verás que, con las herramientas correctas, la efectividad en todo lo que hagas será notoria.

Una vez más recalcamos: "Muchos están perdiendo sus batallas, simplemente por no saber con quién deben pelear y por ende, ¡usar el arma que no es!"

Ten eso definido, luego levántate con seguridad para la batalla, creyendo que tendrás la victoria, porque además, ¡el Señor de los ejércitos peleará contigo!

CASI CIEN AÑOS

DEJA TUS INSISTENTES EXCUSAS, ¡DIOS TE NECESITA PARA ALGO GRANDE!

Josué 13:1-14

Josué ya era "viejo", avanzado en edad (v.1), tenía aproximadamente ¡100 años!, sin embargo, Dios le dijo que todavía quedaban muchas tierras por poseer.

Es increíble, pero aun teniendo esta edad, Dios le delegó algo extremadamente importante para hacer; como fue repartir la tierra a las tribus. (v.7).

Sin duda alguna, todavía tú no tienes 100 años, pero la pregunta es: "¿Qué estás haciendo que consideres importante? ¿Qué estás haciendo para Dios y para Su Reino?" Hoy en día, observamos que estamos viviendo la evidencia preeminente de las excusas, y ellas han sido las protagonistas en las fallidas realizaciones diarias. Principalmente, cuando se refiere al trabajo que se debe hacer al Señor, las excusas entran en acción, inclusive, una sencilla llovizna es motivo de excusa.

Dios nos dio 24 horas de un día maravilloso, sin embargo, decimos no tener tiempo, fuerza o habilidad; pero, ¡Josué no fue así!, aun cuando pudiera haberlo hecho excusándose en su avanzada edad, sin embargo, él alzó su voz para decir: "¿Qué hay que hacer? ¡Cuenta conmigo!, mis cien años de edad son irrisorios en este momento".

Levántate hoy, sacúdete de esos tipos de excusas, pregúntale a Dios, a tus autoridades y a ti mismo: "¿Qué hay que hacer?, Heme aquí, cuenta conmigo".

Deja tus insistentes excusas,
¡Dios te necesita para algo grande!

MARCA TU DÍA

MARCA TUS DÍAS CON COSAS IMPORTANTES

Josué 13:1-14

Es fascinante ver a Josué realizando una tarea "tan importante" a su edad. Indubitablemente, él ya no tenía la misma agilidad que a sus 20 años (lo obvio del pensamiento humano nos hace verlo así, aun cuando él se sentía como un muchachito). Su cuerpo, quizás, ya no respondía de la misma manera, tampoco su apariencia ni agilidad física eran la misma, ¡las cosas habían cambiado un poco!, así como también las circunstancias que lo rodeaban, pero, con todo y eso, él estaba ¡realizando algo extraordinario y muy importante!

No estés en un estado de inercia por las circunstancias que vives o por aquellas que te rodean, esas circunstancias momentáneas no pueden direccionar tus pasos o determinar tu manera de accionar, mientras "puedas respirar", marca tus momentos y días con cosas importantes y trascendentales. ¡Solamente la muerte podría impedir a Josué de hacerlo!

¿Qué hecho importante ha marcado tus momentos? ¿Qué hecho importante marcará tu día de hoy o marcó el día de ayer o la semana y mes que pasó? Josué, a su edad decía: "Yo estoy haciendo algo ¡supremamente importante!".

Di que solamente dejarás de hacer lo importante cuando estés muerto y este no es tu estado, ¡todavía puedes moverte, comer y respirar!, ¡Sí…todavía el sol nace para ti, todavía tienes vida!

Marca tus días con cosas importantes.

TIENES VALOR

AUN CUANDO LA MAYORÍA TE TILDE
NEGATIVAMENTE, ¡DIOS TE VALORA!

Josué 13:1-14

Uno no puede huir de la realidad. Josué ya era un "viejito" (v.1), tendría aproximadamente cien años en esta ocasión, sin embargo, Dios lo llamó para hacer algo "tan importante", como fue: distribuir la tierra a todas las tribus de Israel (vv. 6,7).

Ahora, él no estaría directamente en el campo de batalla, sino distribuyendo la tierra. Aquí hay un re direccionamiento, un cambio de actividad; por el simple motivo de que Dios conocía bien a Josué.

Dios conoce nuestra estructura humana, nuestro limite, lo que podemos y soportamos hacer. La mayoría pondría Josué a un lado, apuntando sus imposibilidades e incapacidades, quizás, ya estuviera en un asilo sin hacer nada, solito en una casa para viejitos.

Así se caracteriza "el mundo", tiene la tendencia hábil y vil de evidenciar las inhabilidades de los demás.

¡Pero Dios no es así! Mientras el mundo evidencia y expone tus imposibilidades y fracasos, de que no eres capaz de realizar ni de hacer nada, Dios te dice: "Te amo, te considero, cuento contigo, eres importante para mí y para mí obra".

Si el mundo te ha tildado con características que han dejado tu alta estima en un profundo y nefasto hueco, necesitas saber que Dios no te ve así. ¡Dios te valora y cuenta contigo!

Así que, levántate, quítate este "manto pesado" de incapacidad que te colocó los demás, pon el "manto de valor" que te entrega Dios, y di con mucho valor: "Heme aquí Señor envíame a mí"

Aun cuando la mayoría te tilde negativamente, ¡Dios te valora!

LÍNEAS PELIGROSAS

NO ANHELES MÁS DE LO QUE DIOS TE DA, ESTE ES
UN TERRENO MUY PELIGROSO

Josué 13:1-14

Es interesante ver como Dios pormenoriza el nombre de cada rey, también los límites de sus territorios y el territorio exacto conquistado por el pueblo de Israel.

Aunque la conquista era grande, poderosa y de acuerdo a la disposición de ellos de "pisar la tierra", Dios determinó límites para esta conquista y en el texto se repite por algunas veces la palabra "hasta", evidenciando que había una línea, un límite que observar.

Debemos reconocer "los límites de las conquistas". Sí, por alguna razón Dios delimitó la conquista, usando las palabras: desde…hasta.

Es muy delgada, case invisible y muchas veces desconsiderada, la línea de separación entre las conquistas determinadas por Dios y las conquistas evocadas por la soberbia y vanagloria del hombre.

Ten mucho cuidado, no dejes de observar y considerar esta línea que suele ser "muy delgada". Mayormente, hay muchos que la están pisando y sin duda alguna, ¡muchos que ya la cruzaron inconsecuentemente!

La bendición de Dios, al hombre, no añade con ella tristezas, eso es lo que afirma categóricamente la Palabra (Proverbios 10:22), pero la avaricia humana lo hace cruzar esas líneas, haciéndole pisar terrenos que suelen ser catastróficos, caracterizados por lágrimas y sufrimientos. Agradece lo que Dios te entregó y ¡pilas con estas líneas!

No anheles más de lo que Dios te da, este es un terreno muy peligroso.

FRUSTRACIÓN O FIESTA

PREPARARÁS LA TIENDA DE TU FIESTA EN EL MISMO TERRENO DE FRUSTRACIÓN

Josué 13:15-33

Esta heredad conquistada y distribuida al oriente del Jordán, no estaba dentro de los límites de la tierra prometida (v. 27 b). Eso se dio porque en el "camino de conquista" del pueblo de Dios, los que allí vivían, quisieron impedirlos de pasar en su territorio.

Cuando el pueblo de Dios estaba iniciando aquella "marcha para la conquista", este hecho negativo se convirtió en motivo de grande frustración, decepción y tristeza. Sin embargo, esas tierras eran una llanura fértil, un lugar bendecido, estratégico, rico ¡y este territorio pasó a las manos de los israelitas!

Muchas veces, en "nuestros caminos de conquistas", se presentan obstáculos, barreras y adversidades. En el momento en que lo vivimos no comprendemos el porqué de ellos y, mayormente, hay una tendencia a reclamos y frustraciones.

Este pueblo no pudo entenderlo, a un principio, pues esta tierra representaba una puerta cerrada, un obstáculo en su camino. Sin embargo, más tarde, esta misma tierra fue motivo de bendición, alegría y júbilo para ellos.

Mira ahora mismo este "territorio" que te causa tristeza, dolor, frustración, impedimentos y dile: "¡En este mismo terreno de frustración momentánea y esporádica, prepararé la tienda para mi fiesta!". ¡Dios convertirá tu tristeza en alegría, tus lágrimas en risa, tu lamento en danza!

Prepararás la tienda de tu fiesta en el mismo terreno de frustración.

LANZANDO SEMILLAS

ARA BIEN TU TERRENO, QUITA TODA RAÍZ DE
PECADO Y LANZA SEMILLAS DE SANTIDAD

Josué 13:15-33

En el versículo 22, se dice que "mataron a los hijos de Balaán el adivino", el mismo que, por codicia particular, intentó maldecir al pueblo de Dios y que también fue culpable de hacer pecar al pueblo.

Esta heredad (v.23) era una tierra fértil y reconocida como un valle extremadamente bendecido, mas no por su tamaño ni por su valor en dólares americanos, sino porque estaba "bajo bendición de Dios". Bendición que fue alcanzada y concretada por la determinación del pueblo de "quitar todo pecado de entre ellos" (v. 22).

Ara bien tu tierra, obsérvala con detenimiento, saca todas las raíces de pecado, siembra semillas de arrepentimiento y santidad. Verás que, no importando el lugar donde vivas, allí habrá frutos de bendición, de alegría, de amor, de paz; tesoros que ni toda la plata del mundo lograría comprar.

No importa qué pecados hayas cometido en tu vida, Dios es misericordioso para perdonarte de todos ellos, desde que te arrepientas y los saques de raíz.

Prepara tus herramientas para arar el terreno, mira la tierra donde Dios te puso, observa las raíces que deben ser quitadas. ¡Prepara tus mejores semillas…si, es tiempo de sembrar!

Mientras el enemigo quiera evidenciar "las raíces inexistentes", tus plantas ¡estarán en pleno crecimiento!

Ara bien tu terreno, quita toda raíz de pecado y lanza semillas de santidad.

¡CÁLLATE PASADO!

TU PASADO, AUNQUE FUE PEQUEÑO, NO PUEDE DETERMINAR TU BENDICIÓN, TAMPOCO TU FUTURO

Josué 13:15-33

Las tribus más pequeñas: Gad y Manasés, fueron las primeras en recibir su heredad y esta fue una llanura fértil, al otro lado del Jordán, al oriente de Jericó, lo que constituía para ellos una tremenda y grande bendición (v. 32).

Hay muchos que quedan "enfrascados" en su contexto de vida y este grupo, por ser de un origen pequeño o por vivir un pasado marcado por la escasez, pobreza y dificultades, no logra entrar en su grande territorio de bendición.

Lo "extraordinario" que recibió esas dos tribus, precisamente las "más pequeñas" de todas, corrobora y comprueba la afirmación de que tu contexto, tu historia de vida y pasado "pequeño", no pueden determinar el tamaño de tu bendición, tampoco tu futuro.

El mundo quiere dictar que para aquellos que son "los menores", hay solamente cositas chiquitas, o más bien, quiere convencerte de que nunca vas a recibir algo grande.

Dios es poderoso para romper con toda tu historia de vida triste, de pasado pequeño (cuerdas que atan y que son extremadamente fuertes y maléficas).

No importa de dónde viniste, Dios tiene guardadas y reservadas para ti, bendiciones grandes, extraordinarias y maravillosas.

Tu principio pequeño, tu pasado de escasez, de vacíos y faltantes, pueden convertirse en un postrero estado gigante. ¡Convéncete de eso y prepárate para recibirlo!

Tu pasado, aunque fue pequeño, no puede determinar tu bendición, tampoco tu futuro.

PILAS CON EL CONTRATO

OBSERVA SI EN TU CONTRATO ESTÁ LA FRASE: "DE LA MANERA COMO DIOS MANDÓ"

Josué 14: 1-15

Por algunas veces, en este pasaje, se repite la frase: "De la manera como Dios mandó" (vv. 2,5). Este pueblo, que nunca tuvo tierras o propiedades, tampoco ninguna posesión considerable; porque eran esclavos, estaba, en este momento, iniciando una nueva etapa, un nuevo tiempo, dando los primeros pasos en el desarrollo de un nuevo proyecto de vida.

Muchas personas estando en ese momento de sus vidas, evalúan considerando todas las perspectivas posibles: lugar, salario, contrato, regalías, ventajas, etc. Obviamente, todo eso debe ser considerado. Lo único malo y lo que no está bien, es que observan "todo eso" y lo ponen a un lado o ni siquiera consideran la frase: "De la manera como Dios mandó".

Todo proyecto exitoso debe comenzar y terminar con la frase: "De la manera como Dios mandó". No hay una mejor manera para que este proyecto sea exitoso. Comienza a considerarlo y verás la enorme diferencia que habrá en todo lo que hagas y emprendas.

Haz tus evaluaciones objetivas y pertinentes, tus cálculos; define tus presupuestos, diseños y proyecciones; le con detenimiento y cuidado, todas las letritas del contrato. Desarrolla con prudencia y objetividad tu proyecto de vida, pero siempre termina tus bocetos y escritos con la frase: "Fue de la manera como Dios mandó".

Seguramente, haciéndolo de esa manera, el resultado será mejor de lo que tú esperabas. De manera que, de ahora en adelante, ¡Pilas con el contrato!

Observa si en tu contrato está la frase: "de la manera como Dios mandó".

MIRA A LAS MANOS

EN LAS MANOS DE TUS AUTORIDADES, ¡HAY BENDICIÓN DE DIOS PARA TI!

Josué 14:1-15

El versículo primero habla de la heredad recibida en la tierra de Canaán, pero esta tierra fue repartida por el sacerdote Eleazar, juntamente con Josué y los cabezas de los padres de las tribus de los hijos de Israel.

Es interesante observar y considerar como Dios honra a las autoridades establecidas y a los conductos regulares. Aun cuando fue Dios quien regaló la tierra, la entregó por las manos de las autoridades. Dios podría usar un "rayo enviado del cielo" y marcar en piedras, con letras grandes, la heredad de cada uno, pero ¡no lo hizo así!; usó las autoridades pertinentes para distribuir esos territorios.

Muchos caminan por este mundo con sus "grandes piedras marcadas", jactándose de que ¡Dios les habló! Muchas veces yendo, inclusive, en contra de lo establecido por la autoridad. Cuando estas palabras hieren y van en contra del conducto regular determinado, el considerado "rayo del cielo" fue enviado por "dios", pero, ciertamente, un dios con "letras minúsculas".

El atropello a las autoridades es una constante en los días actuales, la cabeza está siendo cada vez más golpeada, cuando debería ser protegida, respetada y honrada. ¡Aún por las autoridades del mundo, la Palabra de Dios nos enseña a orar! (1 Tim. 1:1-2).

No veas lo que el enemigo quiere "pintar" en las autoridades establecidas, mayormente, estos "lienzos" ¡quedarán distorsionados y llenos de pinceladas irreverentes, calumniadoras y falsas!, sino que observa con detenimiento sus manos, si, ¡observa bien a sus manos!, porque, seguramente, en ellas habrá bendición de Dios para ti. (v.1)

En las manos de tus autoridades,
¡Hay bendición de Dios para ti!

CRUZANDO DESIERTOS

LA ÚNICA MANERA DE CRUZAR TUS DESIERTOS ES
ESTAR BAJO LA SOMBRA DEL OMNIPOTENTE

Josué 14:1-15

En la caminata de la vida es inevitable tener que cruzar desiertos; quizás, en este momento, estés levantando tus manos para corroborarlo. En el texto considerado, a Caleb, Dios lo hizo quedarse ¡cuarenta y cinco años caminando por un tremendo y caluroso desierto! (v.10).

Actualmente, para muchas personas, ya les es difícil cruzar aunque sea un solo desierto y si posible fuera, solamente por algunos pocos días, pero este hombre lo hizo ¡durante muchos años! ¿Cómo Caleb logró estar tanto tiempo en un desierto? ¿Cómo logró cruzarlo y llegar victorioso al otro lado?

Si Jehová está contigo lograrás cruzar ¡todos los desiertos!, independiente de cuál sea. Además, Caleb hace algunas declaraciones impresionantes sobre los desiertos de la vida que debemos considerarlas, sin duda alguna. Mirémoslas:

*El desierto no consumirá tus fuerzas, habrá en ti fuerza para salir y para entrar. Esta es la fuerza que necesitamos para cruzar nuestros desiertos (v.11).

*El desierto no quitará tu fidelidad a Dios; tampoco la fidelidad de Dios para ti (v.8). Muchos te dejarán, te abandonarán en tus desiertos, pero Él, tu Dios, ¡nunca te abandonará!

*El desierto no robará tu buena perspectiva de futuro, aun cuando en él existan gigantes (v.12). Esos mismos gigantes tendrán que corroborar que ¡tu futuro es un futuro glorioso!

Así que, si estás cruzando tu desierto ahora mismo, debes poner estas afirmaciones en tu mente y corazón, quizás, escribirlas en un papelito y guardarlas en tu billetera y luego, levantar tu cabeza, agarrarte de la mano de Dios, que te dice: "Te dejaron solo por acá en este desierto, pero aquí estoy Yo ¡para acompañarte y caminar contigo!"

La única manera de cruzar tus desiertos es estar bajo la sombra del Omnipotente.

FRUTOS ETERNOS

TU FIDELIDAD A DIOS DARÁ FRUTOS, INCLUSIVE, EN LOS MINUTOS INTERMINABLES DE LA ETERNIDAD

Josué 14:1-15

Ciertamente hay recompensa para tu fidelidad; ¡aunque sea cuarenta y cinco años después!

Caleb se mantuvo fiel a Jehová, su Dios (v.8). Una fidelidad que estaba dando frutos abundantes, inclusive, con el transcurrir de mucho tiempo: ¡cuarenta y cinco años después!

Aunque la fidelidad a Dios presente sus "frutos instantáneos", también los presenta en el transcurrir y pasar del tiempo, como vemos en el presente pasaje. Caleb tuvo que cruzar un desierto durante cuarenta y cinco años, pero su fidelidad a Dios y la misma fidelidad de Dios hacia él, lo mantuvieron firme.

¡Sé fiel a Dios, hoy, mañana y siempre! Con seguridad verás el fruto de esta fidelidad, disfrutarás de esos frutos hoy, mañana e inclusive en los "minutos interminables" de la eternidad.

Tu fidelidad a Dios trae resultados trascendentales, tu misma descendencia; manteniéndose fiel a Dios, podrá corroborar eso.

No te dejes manipular del enemigo, que ha engañado y tumbado a muchos en ese asunto, tomando el tema de la fidelidad a la ligera. Sé fiel a Dios, a tus seres queridos, a tus autoridades, a tu iglesia y a ti mismo.

Tu fidelidad a Dios dará frutos, inclusive, en los minutos interminables de la eternidad.

EL BUCEADOR

NO INTENTES RECUPERAR TUS PECADOS, ¡DEJA QUE EL DIABLO SE AHOGUE SOLO!

Josué 15:1-12

Judá fue una de las primeras tribus a recibir su heredad, a pesar de su pasado marcado por el pecado (era un hombre con muchas debilidades considerables). Pero tenía sobre si una "palabra de promesa" y la "marca del pecado" no pudo borrar la "marca de la promesa".

Muchos no toman posesión de sus promesas por evidenciar, constantemente, la marca del pecado. El enemigo posee la habilidad innata de enseñar y maximizar estas "cicatrices", diciéndote que nunca más se borrarán, y de hecho, el hombre ha fracasado intentando borrarlas con jabón, con láser, con productos químicos, etc.

Pero la "sangre de Jesús" ¡logró hacerlo! Dios no las ve más. De hecho, al aceptar a Jesús como Salvador personal, Él echó tus pecados en la profundidad del mar; es lo que dice la Palabra (Miqueas 7:19).

Nadie logró llegar a esta profundidad del mar hasta el día de hoy, ¡tampoco, tú eres tan bueno buceando!

Así que, después de haber sido perdonado, no estés evidenciando y maximizando tus pecados del pasado como que intentando recuperarlos. ¡Esta es la tarea continua del enemigo, nuestro acusador y calumniador!

Sal de este mar de engaño ahora mismo, deshazte de esas cuerdas tenaces de pecados que ya fueran perdonados, vive tu nueva vida en Cristo y deja que el ¡diablo se ahogue solo!

No intentes recuperar tus pecados. ¡Deja que el diablo se ahogue solo!

SELLO DE PERTENENCIA

LO QUE DIOS TIENE PARA TI YA ESTÁ APARTADO
CON EL SELLO: "PERTENECE A MI SIERVO"

Josué 15:1-15

Aquí, en este episodio, la tribu de Judá está recibiendo su heredad. Fue también una de las ¡primeras en recibirla! Es interesante ver como Dios demarcó, de una manera precisa, el territorio a ser ocupado por esta tribu. Dios "ya lo tenía reservado" para ellos. Ya estaba el sello puesto por el mismo Dios que decía: ¡Todo este territorio pertenece a mi pueblo, a la tribu de Judá! Esta fue una promesa dada al padre de Judá, que se estaba cumpliendo en ese momento.

Dios tiene algo poderoso para tu vida y esta bendición ya está con el sello puesto por Dios que dice: *"PERTENECE A MI SIERVO".*

Sigue creyendo en las promesas de Dios, siendo fiel a Él y sirviéndole de corazón. Nunca dejes de pensar que hay "algo grande y poderoso" preparado por Dios para ti.

Obviamente, no estamos hablando solamente de la eternidad, o de lo que vamos a recibir cuando lleguemos al cielo (¡que sin duda será glorioso!), sino que este pueblo recibió su heredad, "aquí mismo en esta tierra".

Avanza con pasos firmes en dirección a lo que ya está apartado por Dios para ti, tanto en el cielo, como también aquí en este planeta llamado Tierra.

Lo que Dios tiene para ti ya está apartado con el sello: "pertenece a mi siervo".

GIGANTES, *"CHIQUITOS"*

NO DES TIEMPO PARA QUE TUS DESAFÍOS CREZCAN.
HAY DESAFÍOS GRANDES EN TU VIDA SOLO PORQUE
TU LOS PERMITISTE CRECER

Josué 15:13-19

Caleb comenzó por conquistar a Queriat-arba que significa "asociación" (v.13); ¡un territorio totalmente ocupado por gigantes! Es interesante observar que él comenzó por este desafío que, sin duda alguna, era el más grande y el más difícil de todos.

Hay muchos que tienen delante de si a "grandes desafíos" que como sombras los hostigan a diario, sin embargo, ¡no los quieren enfrentar! Están siempre evadiéndolos, evitándolos e intentando vencer a los más chiquitos, siempre dejándolos para el final; simplemente porque tienen temor a enfrentarlos.

¡Caleb no accionó así!, primero buscó el desafío más difícil, el mayor de todos: una tierra ocupada por "gigantes" y, quizás, les dijo: "¡Prepárense porque sus días están contados!".

Pienso que Caleb siquiera catalogaba a los desafíos como grandes. Para aquellos desafíos que "se decían grandes", Caleb sencillamente les presentaba el Dios grande que tenía.

Enfrenta hoy mismo tu gran desafío, tú sabes perfectamente cuál es, él ha crecido como un monstruo porque tú mismo lo permitiste crecer.

Así que, levántate y avanza, declarando que tus "grandes desafíos" están por ser vencidos por ti.

No des tiempo para que tus desafíos crezcan. Hay desafíos grandes en tu vida solo porque tú los permitiste crecer.

¡QUERRÁN BAJARTE!

LOS GIGANTES QUE OCUPAN TU TERRITORIO DEBEN SER EXPULSADOS, ¡OCUPA LO QUE ES TUYO!

Josué 15:13-19

El versículo catorce dice que Caleb echó (expulsó) a los tres hijos de Anac, que eran gigantes.

La palabra "echó", en su original (*yarash*), tiene que ver con "*herencia y heredar*". Este territorio era una heredad entregada por Dios a Caleb, sin embargo, los atrevidos gigantes la estaban ocupando.

¡Hay muchos que tienen sus heredades, ahora mismo, ocupadas por estos gigantes! y viven en un estado de necesidad, escasez, vacíos y frustración, aun cuando "ya poseen" una herencia maravillosa y gloriosa, entregada por el mismo Dios.

Caleb llegó a su territorio, el que Dios le entregó, y allí estaban los gigantes intentando impedir su entrada, como que diciéndole: "Aquí tú no entrarás, excúsanos Caleb, pero este territorio ya está ocupado".

Caleb no se dejó "achicopalar", los pateó, los expulsó de allí. A muchos el temor los paraliza; en Caleb, el temor era el combustible que ¡lo motivaba a avanzar!

¿Qué gigantes te impiden entrar en tus territorios, los mismos territorios que Dios ya te entregó? Mira a esos gigantes ahora mismo, llénate de valor y échalos de lo que te pertenece, ¡es hora de que los hagas correr!...Sí, ¡ellos siquiera te están pagando arriendo!

Los gigantes que ocupan tu territorio deben ser expulsados, ¡Ocupa lo que es tuyo!

PLATAFORMA DE CONQUISTA

HAZ DE TUS GRANDES CONQUISTAS LA PLATAFORMA PARA TUS NUEVAS CONQUISTAS

Josué 15:13-19

"De allí" subió para conquistar a Debir (v.15). Cuando la frase se inicia haciendo alusión a un lugar anterior (de allí), debemos observar y analizar qué lugar era este, y vemos que era Queriat-Arba (Hebrón), una ciudad donde vivían los hijos de Anac, que eran gigantes y que, sin duda alguna, representaba una grande conquista realizada por Caleb.

Sin embargo, Caleb no se quedó jactándose "por siempre" de su conquista poderosa, sino que, luego en seguida, arrancó para una "nueva conquista": "Subió" para conquistar a Debir.

No hagas de tu gran conquista el fin de tu viaje. Muchos "resbalan y se parquean" en la vida, siempre evidenciando con jactancia: "¡Mira mi conquista, mira mi gran conquista!", mientras otros hacen de su conquista una plataforma, una base, para sus nuevas conquistas y siguen avanzando.

No permitas, como muchos lo hacen, que tus conquistas te estanquen y te paralicen en tu camino. Mientras Dios te diga que hay más, haz de tus conquistas la base, la plataforma, para las conquistas que vienen por delante.

No permitas que el mundo solamente "escuche" de tu conquista (singular), haz con que el mundo pueda "ver" tus conquistas (plural).

Haz de tus grandes conquistas la plataforma para tus nuevas conquistas.

AVANZA COMO EL LEÓN

NO TENGAS TEMOR DE CASARTE. SOLAMENTE
ENTRAN AL ESTADO DE MATRIMONIO AQUELLOS
QUE SON VALIENTES COMO UN LEÓN

Josué 15:13-19

Otoniel tomó a Acsa por mujer (v.17). Sabemos que el matrimonio es uno de los proyectos más importantes y necesarios en la vida del ser humano, algo tan maravilloso que fue diseñado y establecido por el mismo Dios.

Otoniel tomó a Quiriat-sefer (v.16), que entre los significados de su nombre *(Qiryath Cannah, Qiryath Cepher)*, quiere decir "ciudad del libro". Obviamente, en los libros hay mucha sabiduría para las mentes humanas, y precisamente "antes de casarse", Otoniel, (que significa león de Dios / Señor) ¡conquistó esta ciudad!

No me parece una sencilla coincidencia esta conquista anterior al matrimonio, pues considero que los que entran al estado del matrimonio, ¡han conquistado este nivel de sabiduría!

No tengas temor en entrar a este estado. Así como Otoniel entró a Quiriat-sefer y la conquistó y por ende se casó con Acsa, la linda hija de Caleb, ¡conquista también tu Quiriat-sefer!

Esta, por cierto, es una de las mayores bendiciones que Dios nos ha entregado, aun cuando en el mismo paquete ¡esté la suegra! (Obviamente el comentario es una pequeña broma).

La familia es una bendición en todos los aspectos y es un proyecto del mismo Dios. Así que, si eres un "león de Dios" (Otoniel) ¡cásate pronto!

Como el tema del matrimonio, quizás, ponga algunas mentes a reflexionar con más detenimiento, hay que considerar aquí, en este texto, algo supremamente importante y de mucha relevancia: Otoniel conquistó a Quiriat-sefer "antes de" casarse.

Eso, obviamente, lo caracteriza como a un hombre valiente y conquistador. Demostró a su suegro, Caleb, que realmente era capaz.

Todo hombre antes de entrar al estado del matrimonio, debe presentar lo que presentó Otoniel:

*Evidenciar su sabiduría por medio de sus acciones.

*Ser capaz de enfrentar grandes desafíos.

*Demostrar sus capacidades, habilidades y valor.

*Defender y luchar por aquello que ama (su futura esposa, Acsa).

*Presentar concretamente sus ¡grandes conquistas!

Con todo lo expuesto anteriormente, cambiemos un poco el dicho sobre el matrimonio: "Los que están afuera quieren entrar y los que estamos dentro queremos… seguir".*

No tengas temor de casarte. Solamente entran al estado de matrimonio aquellos que son valientes como un león.

* El dicho dice: Los que están afuera quieren entrar y los que están adentro quieren "salir".

¡CUIDADO CON EL ASNO!

HAY UN ASNO QUE QUIERE LLEVARTE A TIERRAS SECAS, ¡BÁJATE DE ÉL YA!

Josué 15:13-19

La manifestación del "acuerdo" dentro del matrimonio y también en el cotidiano de la vida, constituye una tremenda bendición en todos los sentidos (v.18). Caleb le había dado a su hija Acsa y a su yerno Otoniel, las tierras del Neguev, que significa: tierras secas.

Después de ponerse de acuerdo con su esposo, Acsa, la hija de Caleb, bajó de su asno (el que la llevaba al Neguev) y le pidió también a su papá las fuentes de agua (v.19), y este se las concedió "las fuentes de arriba y las de abajo" (una tierra donde llovía y donde había muchas fuentes).

Esta bendición llegó, entre otras cosas a considerar, porque hubo "acuerdo y consentimiento mutuo" dentro del matrimonio.

Dios tiene preparadas fuentes de arriba y fuentes de abajo, pero muchos, todavía, están "montados en sus asnos" de desacuerdos, peleas, discusiones, celos y discordia.

Así que, ¡bájate ya de este asno!, él quiere llevarte a tierras secas y prepárate para recibir las fuentes de bendiciones que Dios tiene para ti, para tu esposa (o) y para tu familia.

Bájate de ese asno y entonces escucharás la misma pregunta que el papá de Acsa le hizo: ¿Qué se te ofrece mi hija? (v. 18). Pero escúchame bien: "Bájate de tu asno y bájate ya".

Hay un asno que quiere llevarte a tierras secas,
¡bájate de él ya!

PELEA TU TROFEO

SI HOY ESTÁS LUCHANDO DEMASIADO. SI LAS
DIFICULTADES SON INNUMERABLES, ¡PREPÁRATE!,
PUES LA BENDICIÓN LLEGARÁ EN LA MISMA MEDIDA

Josué 15:20-63

Aquí se nombra la cantidad de ciudades conquistadas: ¡Más de ciento veinte ciudades! Esta fue la heredad entregada a los hijos de Judá.

¿Puedes imaginar el tiempo que se tardaban en pronunciar el nombre de cada una de las ciento veinte ciudades entregadas?, y ¿la cantidad de "avisos" que tuvieron que hacer para identificar cada una de ellas?

Cuando tengas que enumerar lo que Dios te dio, lo que te da y lo que te dará, ¡te tomará mucho tiempo hacerlo!, pues será algo grande en extremo.

Para este pueblo, la guerra fue bastante fuerte, ardua, constante y grande, pero la bendición vino en la misma proporción de esta guerra.

Si hoy estás enfrentando muchas luchas, si las dificultades en tu vida son innumerables y el momento demasiado difícil, pero eres un siervo de

Dios y tienes fe, ¡entonces prepárate!, porque también tu bendición llegará a una medida proporcional. Prepara las muchas hojas de tu cuaderno, donde escribirás las cantidades de victorias que Dios, por cierto, te dará.

Este pueblo luchó y luchó, peleó y peleó, pero cada una de estas luchas se convirtió en "un trofeo".

Si hoy vives luchas intensas, en ese mismo terreno de lucha prepara un lugar para, más tarde, ¡poner allí tus trofeos!

Si hoy estás luchando demasiado.
Si las dificultades son innumerables,
¡prepárate!, pues la bendición llegará en la
misma medida.

PÁGINAS DE MI LIBRO

DE LOS FRACASOS, TIENES QUE REGISTRAR
PRINCIPALMENTE LAS ENSEÑANZAS. LLENA LAS
HOJAS DE TU LIBRO CON HISTORIAS DE BENDICIÓN

Josué 15:20-63

Ciudad por ciudad fue nombrada, cada nombre bien escrito y apuntado, para que la posteridad pudiera ver (vv.22-63).

Marca bien, escribe, ten anotadas y bien apuntadas todas las bendiciones que Dios te ha dado con "todos los detalles". Hay muchos que utilizan las hojas de sus agendas, diarios y notas de sus celulares, solamente para escribir sus pérdidas, fracasos y derrotas, y cuando regresan en el tiempo y miran su historia de vida, lo único que pueden encontrar son las historias de ¡fracasos y derrotas!

Considera algo con todo detenimiento: "De los fracasos y derrotas de tu vida, aprende a registrar las enseñanzas".

Conozco a muchos que solamente abren su boca y mueven sus labios para contar historias tristes, y llenan sus mentes con esos minutos trágicos que siempre los hacen llorar y derramar lágrimas; pero también conozco a otros que mientras "el mundo" está llorando sus fracasos y pérdidas, ellos están ¡fabricando los respectivos pañuelos! para secar esas lágrimas.

El problema no es que tengas historias tristes, el gran problema es que esas historias tristes te tengan a ti, te dominen a ti y que con una fuerza demoledora te impidan avanzar en tu presente.

…David cuando estaba en el campo de batalla le dijo a Saúl: "¡Para tu conocimiento, oh rey, yo maté a un oso y a un león"! (ref. 1 Sam. 17:34). Ese joven estaba cargado de problemas en su vida, entre ellos, el posible ¡rechazo de su propia familia! Sin embargo, en este momento, él no "lloró", no murmuró contándole todos sus problemas vividos, ¡sino que "evidenció" sus victorias!, sí, él vivía y tenía muchos problemas, sin embargo, esos no eran los protagonistas de sus historias.

Aprende a evidenciar tus victorias. Qué triste es estar con alguien que todo el tempo, solamente cuenta fracasos, luchas y derrotas.

¿Si lees las páginas del libro de tu vida delante de los demás, ahora mismo, qué escuchará la gente? Espero que no haya un público que derrame lágrimas constantes de tristeza, sino uno que se sienta feliz, animado, motivado y retado por algunas de tus historias.

Espero que seas el lector de este segundo grupo, y si no es así, prepara una fogata, echa al fuego tus libros viejos de historias de fracasos y derrotas, agarra un nuevo libro y comienza a escribir tu nueva historia de vida, ¡hoy mismo!

Considera con detenimiento y cariño, ejerciendo tu fe, lo que un cantante brasileño dice en su canción: "Una nueva historia Dios tiene para ti…un nuevo tiempo Dios tiene para ti…" (*Fernandinho*).

De los fracasos, tienes que registrar principalmente las enseñanzas. Llena las hojas de tu libro con historias de bendición.

HOMBRE INVISIBLE

SI HOY ERES "INVISIBLE" A LOS OJOS DE LOS DEMÁS, DIOS TE ESTÁ MIRANDO Y DICIENDO: "¡NO SABES LO QUE YO TENGO PREPARADO PARA TI!"

Josué 15:20-63

Aquí son nombradas más de ciento veinte ciudades, pero lo interesante e inaudito es observar que la ciudad de "Belén", que estaba metida en esta heredad, ¡siquiera fue nombrada!

¿Cómo es posible que no haya sido nombrada una de las ciudades más conocida y reconocida de la historia? ¿Cómo es posible que el lugar donde Jesús, el hijo de Dios, nació, sea considerado con aires de insignificancia y olvido?

¿Cuántas veces te has sentido de la misma manera? ¿Cuántas veces se repite en tu vida las preguntas formuladas por ti mismo?: "¿Por qué no me consideran, no me llaman, no me nombran? ¿Por qué mi celular nunca suena? ¿Por qué...por qué...por qué?"

Belén no fue considerada en esta lista, tan selecta, de ciudades nombradas, fue colocada en esta sala tan frecuentada del olvido, pero, hoy en día, prácticamente no se escucha hablar de ninguna de esas otras ciudades, pero la que no estaba allí, ¡la que ni siquiera fue nombrada!, la olvidada Belén, es hoy una de las ciudades más conocidas, comentadas, visitadas y alumbradas en la historia de la humanidad.

Eso, obviamente, pasó porque el Salvador nació allí y ese nacimiento ya sucedió también en ti.

Así que, si hoy, eres "invisible" a los ojos de los demás, si conoces bien las instalaciones y los sillones de esta sala del olvido, prepárate para levantarte de allí, prepárate para estar en las "vayas" el día de mañana.

No lo tomes por jactarte, pero ¡prepara tu mejor foto ahora mismo! Si hoy los demás te desprecian y no te consideran, Dios te está mirando y diciéndote: "No sabes lo que tengo preparado para ti".

Si hoy eres "invisible" a los ojos de los demás, Dios te está mirando y diciendo: "¡No sabes lo que Yo tengo preparado para ti!"

PEQUEÑITA PODEROSA

LAS GRANDES BATALLAS VENCIDAS PUEDEN
COLOCAR AL HOMBRE EN UNA POSICIÓN DE
JACTANCIA. POR ESTAR ALLÍ, NO OBSERVA LAS
PEQUEÑAS BATALLAS Y PRECISAMENTE ESTAS SON
LAS QUE LO TUMBAN

Josué 15:20-63

No te acostumbres y te dejes deslumbrar de las "grandes" victorias, en el sentido de que estas te hagan olvidar pelear las "pequeñas" batallas.

Esos versículos hablan de un territorio grande y poderoso que fue conquistado por este pueblo, pero el versículo sesenta y tres (v.63), dice que ellos, a pesar de su fuerza y de las secuencias de victorias que ya tenían acumuladas, no expulsaron a los jebuseos que habitaban, precisamente, en Jerusalén (Mayormente representación de lo espiritual).

Las grandes victorias, infelizmente, en algunos casos, evitan la observación de los pequeños detalles. Muchos hombres "crecieron tanto" con sus logros y conquistas que, infortunadamente, cayeron precisamente por los pequeños detalles no observados.

No permitas que las grandes victorias te pongan en una posición de orgullo, de jactancia, y quite tu sensibilidad a las "cosas pequeñas".

Si una pequeña gotera penetra incesantemente en una edificación, ciertamente, con el tiempo la tumbará. Si Sansón (personaje bíblico), con sus fuertes y enormes músculos, no deja de estar mirando a la "flaquita y coqueta" Dalila, ciertamente, ella lo tumbará. Si no quitas esta "piedrita" de tus zapatos, tus pies, ciertamente, quedarán heridos cuando tengas que caminar.

Este pueblo no observó este "pequeño detalle" (no expulsaron a los jebuseos) y por eso, algunas "cositas" notorias y drásticas sucedieron:

1. Su historia fue manchada, precisamente en los últimos metros de la carrera, después de haber recorrido tantos kilómetros, ¡qué tristeza cuando eso pasa!

2. El chiquito creció tanto, que no pudieron librarse de él (No pudieron expulsarlo después [v.63]).

3. Lo espiritual fue tremendamente afectado (La ciudad de Jerusalén).

4. Una intervención indeseada y una piedra en el zapato por siempre (… hasta el día de hoy [v. 63]).

La Biblia nos orienta a observar y a cuidarnos de las "pequeñas" zorras, porque, precisamente, esas son las que echan a perder las viñas (Cantar de los cantares 2:15)

Que la victoria integral marque tu vida. Que puedas vencer las grandes batallas que se presentan en tu camino, ¡pero también observar y "eliminar" las pequeñas batallas!

Las grandes batallas vencidas pueden colocar al hombre en una posición de jactancia. Por estar allí, no observa las pequeñas batallas y precisamente estas son las que lo tumban.

CRUZA TU MAR

CUANDO TENGAS QUE CRUZAR TU JORDÁN, PODER VENDRÁ DESDE LO ALTO, PERO EL QUE TIENE QUE CRUZARLO ERES TÚ. DIOS SIGUE ABRIENDO MARES, PERO EL QUE TIENE QUE TOCARLO CON LA VARA, ERES TÚ

Josué 16:1-10

Aunque este pueblo tenía el poder bélico y las condiciones necesarias para expulsar al cananeo, que habitaba en Geser, ¡no lo hicieron! (v.10).

Ten mucho cuidado con aquello que puedes y debes hacer, pero no haces, eso se cataloga como omisión, de hecho, la Biblia lo cataloga como pecado (Stg. 4:17).

Cuando tengas que cruzar tu Jordán, poder descenderá desde lo alto para ayudarte, ¡pero el que tiene que cruzarlo con los pies eres tú! Dios sigue abriendo mares rojos, pero el que tiene que "tocarlo con la vara", para que se abra, eres tú.

Una vez más, en este pasaje, se repite la historia de grandes victorias al principio, pero una derrota al final… ¡Como esta historia se repite en la vida de muchos!

¡Mantente siempre atento! Si el enemigo no logra al principio, lo intentará a la mitad; si no lo logra en la mitad, intentará al final. Lo cierto es que él "nunca desistirá" de intentar derrotarte. Pásmate, pero la Biblia dice que el enemigo trabaja de día y de noche maquinando en contra de tu vida.

Así que, levanta tu mirada, prepárate, haz lo que te corresponde. Si venciste hoy, no dejes de sacar tus armas mañana y déjalas preparadas para la próxima semana, mejor dicho: no salgas de la casa sin ellas. Que tú puedas declarar como el apóstol Pablo lo hizo: "He peleado la buena batalla, he acabado la carrera, he guardado la fe" (2 Tim. 4:7).

Que tu comienzo sea un ¡comienzo poderoso!; tu medio un ¡medio maravilloso! y tu final, un ¡final glorioso!

Cuando tengas que cruzar tu Jordán, poder vendrá desde lo alto, pero el que tiene que cruzarlo eres tú. Dios sigue abriendo mares, pero el que tiene que tocarlo con la vara, eres tú.

CESTOS LLENOS

SIEMBRA BUENAS SEMILLAS EN EL "TERRENO DE TU FAMILIA", ESTAS BROTARÁN, CRECERÁN Y DARÁN FRUTOS EN ABUNDANCIA

Josué 16:1-10

Los hijos de José fueron contados y considerados también con las doce tribus de Israel, en el recibimiento de las tierras, pues la bendición de Jacob, su papá, les tocó a ellos también. "Rama fructífera es José, rama fructífera junto a una fuente, cuyos vástagos se extienden sobre el muro". (Gen. 49:22).

Tú, que eres papá, debes tener la plena conciencia y total certeza de que eres un "canal de bendición" para la vida de tus hijos y de tu familia, así que, prepara bien "este canal" para que por él pasen "toneladas" de bendición.

Siembra buenas semillas hoy, mañana y siempre en el terreno de tu familia, pues estas brotarán, crecerán, y darán frutos en abundancia.

¡Que los cestos de tus hijos puedan estar siempre repletos de frutos!, principalmente en lo que se refiere a lo espiritual (este es el mayor tesoro que puedes dejarles a ellos) y este los bendecirá por siempre; obviamente, si ellos los toman.

Nunca es tarde para comenzar a sembrar. Toma estas semillas en tus manos ahora mismo, prepara el terreno, échalas "sin misericordia" en tierra, el ¡proceso comenzará!

En el futuro, inevitablemente, tus hijos y familia disfrutarán de los frutos y de las abundantes sombras de esos árboles que siembras hoy.

Siembra buenas semillas en el "terreno de tu familia", estas brotarán, crecerán y darán frutos en abundancia.

¡BENDICIÓN PAPÁ!

LA BASE FAMILIAR ESTÁ SIENDO GOLPEADA, PERO EN EL MODELO DIVINO HAY BENDICIÓN PARA LOS HIJOS, EN LAS MANOS DE SUS PAPÁS

Josué 17:1-13

Aquí vemos la bendición de Dios pasando de manos en manos. De José pasó a sus hijos, de los hijos de José a sus hijos y de los nietos de José a sus hijos.

Hoy en día, la sociedad está al borde de la degeneración familiar y ya muchos papás no son considerados como modelos por sus hijos, tampoco están infundiendo en ellos valor alguno. Los valores familiares están siendo "bombardeados", de todos los lados, por armas ¡cada vez más agresivas y poderosas!

Pero, el modelo de Dios garantiza que los papás tienen en sus manos bendiciones abundantes para dar a sus hijos.

Tú, que eres hijo, toma posesión de esta bendición y dile a tu papá, cada vez que puedas, esta frase que está ahogándose en las olas de la modernidad: "Bendición papá". Y tú que eres padre, suelta esta bendición con un audible: "¡Dios te bendiga mijo!".

Tu casa, tu familia e hijos necesitan escuchar de tus labios estas frases de bendición, así que, a ¡soltarlas pues y a diario!

¿Cuánto tiempo hace que no bendices a tus seres queridos? ¿Cuánto tiempo hace que ellos no oyen un sonoro "Dios te bendiga"? Hoy es un buen día para hacerlo. ¡Levanta tu voz, agarra tu "megáfono" y a salir a bendecir por los pasillos de tu casa!

La base familiar está siendo golpeada, pero en el modelo divino hay bendición para los hijos, en las manos de sus papás.

PETICIÓN CONCEDIDA

ALZA TU VOZ CON SABIDURÍA. TEN BIEN DEFINIDA
TU PETICIÓN Y NO TE QUEDARÁS SIN HERENCIA

Josué 17:1-13

Estas cinco muchachas, con nombres… digamos, "¡tan lindos!", *(Maala, Noa, Hogla, Milca, Tirsa* [v.3]), alzaron su voz y clamaron por una bendición. La ley de la época las impedía de recibir herencia, aun cuando su papá la tuviera; lo que para todos nosotros parece algo injusto, pero así era en aquella época.

Sin embargo, es interesante observar que ellas no se rebelaron, ni se despeinaron, sino que accionaron con sabiduría delante de este tremendo problema, y dentro de su petición nos enseñan algunas herramientas imprescindibles:

1. Alzaron su voz "en el momento preciso". Tienes que saber cuándo levantar tu voz, hay momentos donde tu silencio es el que debe protagonizar.

2. Supieron a "quién pedir" lo que deseaban: al sacerdote Eleazar, que era una autoridad (v.4).

Debes tener claro a quién pedir y cuál es la fuente de tu ayuda. ¡Algunos están pidiendo pan al carnicero y carne al panadero!

3. Bajo cuales "circunstancias pidieron". (Allí estaban presentes Josué y los príncipes [v.4]).

4. Pidieron exactamente lo "que" querían y en "donde" lo querían. (Muchos ni siquiera saben lo que realmente quieren en la vida).

5. Usaron "argumentos valederos y valerosos" (Usaron la frase: "Dios mandó a Moisés").

Todas esas herramientas estuvieron presentes en esta sabia petición. Hay que evaluarlas y considerarlas en nuestras peticiones también.

Obviamente, estas cinco "chiquillas" recibieron todo lo que pidieron y anhelaron. ¿Y tú, qué has recibido?

Alza tu voz con sabiduría. Ten bien definida tu petición y no te quedarás sin herencia.

ERES EL MEJOR

NO TE ENFOQUES EN LOS DEFECTOS Y ERRORES DE LOS DEMÁS, SINO QUE POTENCIALIZA LO QUE ELLOS TIENEN DE BUENO. ESO LES HARÁ BIEN, QUIZÁS, A TI TAMBIÉN

Josué 17:14-18

Esos nombrados hijos de José llegaron delante de Josué con rostro de "llorones", a protestaren y reclamaren por lo poco que habían recibido (v.14).

El líder Josué lidió con el conflicto de una manera muy sabia, usando una frase que ellos mismos habían expresado: "somos un pueblo grande y bendecido", para animarlos a que salieran a la conquista de nuevas tierras (v.15), ya que ellos mismos afirmaban que eran un pueblo numeroso, grande y poderoso (v.17).

Aun cuando la mayoría de los ojos humanos los verían como a un grupo llorón, reclamador y murmurador, Josué dejó de lado estas "notables características" y maximizó y potencializó lo que ellos tenían de bueno.

Dejemos de estar siempre acusando, apuntando y enfocándonos solamente en los defectos y errores de los demás. Si meditamos con detenimiento, veremos que, si así lo hacemos, estaremos incursionando en la tarea del mismo diablo (el acusador y calumniador).

En la vida de todos estos "llorones" debe haber algo de bueno, de valor, y aunque parezca difícil, haz la prueba e inténtalo descubrir.

Es increíble, inaudito, pero hacemos eso ¡con nosotros mismos! Nos estamos criticando a años, estamos maximizando los errores cometidos todo el tiempo; pero lo bueno que hicimos y hacemos, lo encerramos, con buen candado, en esta sala de olvido de nuestra mente.

¡Dejemos de hacerlo!, en el nombre de Jesús, y vamos a sorprendernos con lo que va a pasar.

No te enfoques en los defectos y errores de los demás, sino que potencializa lo que ellos tienen de bueno. Eso les hará bien, quizás, a ti también.

EXCUSAS QUE ANULAN

LAS MUCHAS EXCUSAS, MAYORMENTE, TE SEPARAN
DE LO QUE DIOS TIENE PREPARADO PARA TI

Josué 17:14-18

Esos hombres sabían quiénes eran: "somos un pueblo grande" (identidad), ellos mismos lo declararon en los versículos catorce y diecisiete (vv. 14,17) y también sabían lo que deberían hacer, lo que denota visión, claridad, metas, destino. Pero, aun así, presentaban excusas para no salir a poseer lo que Dios les había entregado (v.16b), diciendo que habían cananeos que ocupaban la tierra, y que esos poseían un extraordinario poder bélico (carros de hierro) para oponérseles.

¡Ten cuidado con las muchas excusas! Mayormente ellas poseen el poder de separarte de aquello que Dios ya tiene preparado para ti. Un pueblo con identidad, visión y que sabe que el Señor de los ejércitos está con él, no puede estar atado por las cadenas, tan influyentes, de las excusas incoherentes.

Aquí se repite algo: Un pueblo que conoce su potencial y también lo que tiene que hacer, pero está paralizado por las fuertes barreras de esos tipos de excusas.

Piensa con sinceridad y haz un auto examen. Si todo lo que vas a hacer está precedido por alguna excusa, si las excusas son una constante en tu vida, ¡extermínalas ahora mismo y derriba esa muralla! Porque eres alguien que tiene fuerza, identidad, visión y además, ¡Dios te ha bendecido enormemente!

Las excusas, mayormente te separan de lo que Dios tiene preparado para ti.

¡BIENVENIDO DESCANSO!

PON A DIOS EN EL CENTRO DE TU VIDA Y TUS PIES
EN LA TIERRA DE DESCANSO, PARA QUE EL ESTRÉS
NO TE GOLPEE

Josué 18:1-10

Toda la congregación se reunió en Silo (v.1). Aunque este pueblo era un pueblo guerrero, conquistador y Dios los acompañaba, llegaron a este lugar llamado Silo *(Shiyloh, Shiloh, Shiylow, Shilow)*, que significa: "estar en reposo; lugar de descanso; estar tranquilo".

Aquí hay dos consideraciones relevantes y significativas: La primera es que, en los días actúales, donde el ajetreo es tan intenso y las presiones tan constantes, todos debemos tomar nuestro "tiempo de descanso". El estrés ha sido una de las causas de mayor número de muertes en el mundo. Así que, ¡toma tu tiempo! y aprende a descansar.

La segunda es que, "allí", ellos edificaron el tabernáculo de reunión (lugar de manifestación divina). El orden para delinear la tierra saldría de este lugar específico, lo que nos enseña que el centro de nuestra vida debe ser Dios y que todo debe girar alrededor de Él. (La posición geográfica del tabernáculo era en el centro).

Debes considerar el descanso en tu diario vivir, en tu semana y en tus tiempos. Pero también debes considerar que Dios sea el centro de todo lo que tú hagas.

Si unimos y asociamos "Silo" con "Tabernáculo", llegamos a la clara conclusión de que: Hay descanso, paz y tranquilidad en la presencia de Dios.

Pon a Dios en el centro de tu vida y tus pies en la tierra de descanso, para que el estrés no te golpee.

¡QUITA TUS ZAPATOS!

SI DIOS TE ENTREGÓ LA TIERRA Y PIDIÓ PARA QUE LA PISARAS, ¡SACA TUS ZAPATOS Y HAZLO! MUCHOS, TODAVÍA NO ABRAZARON SU BENDICIÓN, PRECISAMENTE, POR NO "PISAR LA TIERRA"

Josué 18:1-10

¡Pisar la tierra! Era el requisito demandado por Dios (vv. 4, 6, 8, 9). Mayormente, en toda conquista debe coexistir la "acción del hombre". Eso no es algo hipotético (aun cuando esta conquista sea una promesa dada por el mismo Dios). Dios entregó la tierra a este pueblo, pero se dice, con mucha claridad, que era necesario "pisarla" con la planta de los pies, para delinearla ciudad por ciudad (v.9).

En este tema considerado el hombre casi siempre "se resbala", porque el mismo se jacta en decir: "¡Dios me entregó, Dios ya me entregó!" Pero ellos mismos no "pisan" el territorio entregado por Dios. Aquí aprendemos que hay una acción divina, pero que también debe estar presente la acción del hombre: "pisar la tierra, reconocerla…ir allá".

¿Qué estás haciendo por tu territorio? ¿Qué acciones has tomado? ¿Ya lo has pisado? Quizás no abrazaste aún tu bendición sencillamente porque no ¡abriste los brazos para hacerlo! Y esto, mi amado hermano, ¡te toca solamente a ti!

Dios sigue abriendo "mares rojos"; lo que falta son aquellos que lo ¡toquen con la vara! Dios sigue derribando murallas de Jericó; lo que falta es un pueblo que la rodee y que ¡sepa gritar! Dios sigue venciendo gigantes; lo que falta son aquellos con sus hondas y cinco piedras en las manos.

Si todavía no has entrado en el territorio que Dios te prometió, pregúntate si nos es porque no lo pisaste aun.

Ve a tu armario, saca de allí tus zapatos, tus botas, y prepárate para "pisar, caminar; si posible correr" por la tierra de tu conquista, metro cuadrado por metro cuadrado, hasta donde Dios te ordene hacerlo.

Si Dios te entregó la tierra y pidió para que la pisaras, ¡saca tus zapatos y hazlo! Muchos, todavía no abrazaron su bendición por no "pisar la tierra".

UNA "COBIJA" MUY PELIGROSA

NO PERMITAS QUE "LA COBIJA DEL DESCANSO PERMANENTE", TE IMPIDA SALIR A LAS CONQUISTAS. LEVÁNTATE Y VENCE A "SABANÁS"

Josué 18:1-10

Las siete tribus llegaron a Silo (v.1), que significa "lugar de descanso, reposo y tranquilidad" y allí ¡se quedaron! Por increíble que parezca, las siete tribus no querían más salir de aquel lugar ¡tan agradable!

Aunque debemos tomar muy en serio y considerar con cuidado nuestro tiempo de descanso, hay muchos que están confundiendo la frase "tiempo de descanso", con la frase "¡descanso todo el tiempo!" Este pueblo llegó allí ¡y allí se quedó!, cuando, todavía, había tierras por conquistar y mucho por hacer.

El estar en un constante estado de descanso te lleva a ser atrapado por los "brazos musculosos y poderosos" de la inercia, conformismo, pasividad, pereza, improductividad, negligencia… entre otras palabras "que atrapan".

Josué los exhortó a que se levantaran (vv.3-8) de sus "cobijas" de reposo y descanso permanente, para poseer lo que Dios les había entregado.

Si esas cobijas, insistentes y permanentes, existen en tu vida, ¡quítalas ahora mismo!, levántate, ponlas en la lavadora para que giren y giren o dóblalas, guárdalas en tu guarda ropa, y ¡sal ya mismo para adquirir tus conquistas!

No permitas que "la cobija del descanso permanente", te impida salir a las conquistas. Levántate y vence a "Sabanás".

DECISIÓN INTELIGENTE

DENTRO DE TUS PROYECTOS Y TOMA DE
DECISIONES, SIEMPRE DEBE ESTAR LA PREGUNTA:
"¿QUÉ PIENSAS TÚ MI DIOS?"

Josué 18:1-10

Los tres representantes de cada tribu recorrerían la tierra, delineándola y marcando en una libreta su descripción detallada (v.9). Ellos salieron (v.8) e hicieron exactamente lo que su autoridad les pidió que hicieran; levantándose, yendo, delineando la tierra, dividiéndola en siete partes, marcando a cada una de las ciudades y lo trajeron a Josué. Todo fue hecho correctamente según la descripción.

En la mente de esos hombres, quizás, estaba clara la decisión de cuál sería la "mejor porción de tierras a recibir"; considerando que ellos mismos las marcaron y las conocían con lujo de detalles, sin embargo, "dejaron esta decisión en las manos de Dios" (v.6).

Haz tus proyectos de vida según la correcta descripción y estudio, sin embargo, no dejes de poner tu decisión delante de Dios. El hombre debe tener carácter y ser puntual en su toma de decisiones, sin embargo, dentro de las muchas preguntas para esta toma de decisión, debe estar la que concluye todo tema: "¿Señor, qué piensas Tú de eso?"

Quizás, tus cálculos acertados y conceptos humanos bien definidos se sorprendan con la respuesta de Dios.

Dentro de tus proyectos y toma de decisiones, siempre debe estar la pregunta: "¿qué piensas tú mi Dios?"

ORDENA TU CLOSET

BUSCA SER ORDENADO. LOS LLAMADOS DE ENTRE EL "MONTÓN" SON LOS QUE DOMINAN PRINCIPIOS DE ORDEN Y ORGANIZACIÓN

Josué 18:1-10

Estos tres representantes de cada tribu (v.4) salieron a recorrer la tierra y a describirla, conforme al reparto de las heredades, y lo apuntaron, con mucha exactitud y cuidado en un libro (v.9).

Me imagino ¡el lujo de detalles en estos apuntes! Para escribir en este libro era necesario que los que lo hacían, tuvieran algunas características y conocimientos mínimos como: noción de diseño, medidas, líneas, sumas, cálculos de áreas; creo que inclusive deberían tener una buena caligrafía, porque, además de todo, este libro de apuntes ¡debería ser presentado al grande y respetado líder Josué!

Sin duda, Josué al ver y leer este libro se quedó impresionado, anonadado. Los detalles, las informaciones, los diseños y los cálculos estarían todos debidamente apuntados y organizados allí, de una manera magistral.

Si tú miras hacia atrás, ¿cómo verías tu nivel de organización? ¿Eres una persona organizada y ordenada? Si abrieran las páginas de "tu libro de vida", ¿qué impresión tendrían los demás?

Yo escuché en estos días que está de moda ser organizado /ordenado; también, que el sencillo hecho de tender la cama por la mañana te dará una buena sensación durante todo el día.

Hay un detalle que se debe observar, y es que no es diferente en los días actuales: los "apartados y elegidos" de entre el montón (así como los 3 de cada tribu [v.4]) son personas que dominaban esos ¡principios de orden y organización!

Así que: ¡Libro ordenado, casa ordenada, vida ordenada! Si tienes alguna duda sobre el tema, abre tu closet y gavetas ahora mismo y ellos te gritarán: "Ordenado o desordenado"… ¡Nunca es tarde para empezar!

Busca ser ordenado. Los llamados de entre el montón son los que dominan principios de orden y organización.

DAME MI PORCIÓN

SI LA PROMESA DE DIOS ESTÁ SOBRE TU VIDA, TEN POR SEGURO QUE NO TE QUEDARÁS SIN TU PORCIÓN, MIENTRAS LOS QUE TE RODEAN LA RECIBEN

Josué 18:1-10

Tres tribus ya habían recibido heredad en el otro lado del Jordán (Oriente). Dos tribus más recibieron al lado norte y sur, pero faltaban siete tribus para recibir su porción y Dios les dijo que se levantaran porque ciertamente había tierra para todos.

Qué triste es cuando un "hermanito" mira a la derecha y ve a su hermano bendecido, voltea hacia a la izquierda y ve al otro hermano ¡también bendecido!, pero a él ¡nunca le llega su bendición! Todos parecen estar "empapándose" bajo esta lluvia, pero ¡para él nada! Aunque le traiga alegría la bendición de los demás; pues debemos alegrarnos con los que se alegran, el hecho de que él no reciba su bendición, obviamente, le provoca tristeza.

¿En algún momento de tu vida has pasado por algo similar? ¿Todos a tu alrededor parecen estar bendecidos y tú no? Pero, en este pasaje Dios está diciendo y afirmando: "¡La bendición es para todos y en esta lluvia todos se mojarán!".

Así que, quita este paraguas gigante de auto conmiseración que tienes y prepárate para empaparte en esta lluvia ¡que llega para todos!

Tu hermano de la derecha estará bendecido, el de la izquierda también, pero la dicha a ti también te abrazará.

Si la promesa de Dios está sobre tu vida, ten por seguro que no te quedarás sin tu porción, mientras los que te rodean la reciben.

MIRA AL ESPEJO Y NO DUDES

DIOS SABE PERFECTAMENTE DE LO QUE SOMOS CAPACES DE HACER Y DE ALCANZAR, ¡LOS QUE NO SABEMOS Y DUDAMOS SOMOS NOSOTROS MISMOS!

Josué 18:11-28

Fueron entregadas tierras buenas, fértiles y con abundantes fuentes. También se les entregó valles secos, montañas y lugares áridos. Pero "todo" fue entregado por las manos de Dios.

Mayormente, el ser humano quiere recibir siempre "buenas tierras". Pero notamos aquí que Dios no solamente entregó planicies; Él también entregó montes, lugares áridos y montañas para Su pueblo.

Debes saber recibirlo todo de Dios, y en este grande paquete hay planicies, pero también montes.

¿Cómo podrás afirmar que Él es tu fortaleza cuando no cruzas por los desiertos y lugares áridos? ¿Cómo podrás decir que Él es tu fuente de agua viva cuando no has pasado por los momentos de sequedad? ¿Cómo disfrutar de Su presencia alentadora cuando no cruzas por los valles de sombra de muerte? (Salmos 23:4), cómo recibir Sus victorias…

Aquí, vemos que cada cual recibió su terreno y lo "potencializó" según su condición y geografía.

Si Dios te entregó montes difíciles, ¡construye en ellos tus fortalezas! Dios sabe de lo que lo que somos capaces y conoce bien nuestras habilidades; los que, de vez en cuando, no sabemos y dudamos, ¡somos nosotros mismos!

Dios sabe perfectamente de lo que somos capaces de hacer y de alcanzar, ¡los que no sabemos y dudamos somos nosotros mismos!

ENTRE LOS GRANDES

DIOS TE UBICARÁ ENTRE LOS GRANDES, EL ÚNICO
QUE PUEDE IMPEDIRLO ERES TÚ MISMO

Josué 18:11-28

La tribu de los hijos de Benjamín se quedó "entre" los hijos de Judá y los hijos de José (v.1). Es interesante observar el cuadro presentado: una de las menores tribus ubicada entre dos de las que eran las mayores tribus. Literalmente, tenemos representado acá algo notable y que debemos considerar: "Un pequeño entre los grandes".

Esta es una frase que se repite en la vida de aquellos que tienen al Señor: Estar entre "los grandes" aun "siendo pequeño".

No importa cómo el mundo te cataloga. Si por alguna razón tuviste un principio "pequeño", no te espantes cuando estés entre los grandes, no te sorprendas para donde Dios te puede llevar; si eres fiel a Él.

Esta tribu, literalmente, estaba entre los grandes. No es para que te jactes indebidamente, pero si sirves a Dios fielmente, debes repetir ahora mismo esta frase: "Estaré entre los grandes".

Dios te llevará a este nivel. Fue Dios quien ubicó a Benjamín allí y será Dios quien te ubicará en esta posición. El único que puede impedirlo ¡eres tú mismo!

Así que, sé diligente, sé fiel a Él, agárrate de la mano de Dios y déjate llevar. ¡Él te va a posicionar!

Dios te ubicará entre los grandes, el único que puede impedirlo eres tú mismo.

COBIJAR LA CARENCIA

NO HAY NADA QUE SE APLAUDA MÁS QUE EL COMPARTIR. QUE TU BENDICIÓN PUEDA COBIJAR LA CARENCIA DE LOS MÁS NECESITADOS

Josué 19:1-23

La tribu de Judá cedió una parte de su heredad a la tribu de Simeón. Como vimos antes, la heredad entregada por Dios a la tribu de Judá fue extremadamente grande. Aquí aprendemos algunas lecciones de cómo accionar con la bendición que Dios nos ha dado.

Sin duda alguna tú has sido bendecido por Dios, Dios te ha entregado bendiciones en abundancia, pero, si todavía, no es así, ¡prepárate para que lo sea!

Pero la pregunta es: ¿Qué haces, o harás con la bendición que Dios te dio? Judá compartió parte de su bendición con Simeón (una tribu que era pequeña).

Estamos para ¡ayudar a los más pequeños!, aquellos que son más débiles y necesitados. Quizás, si miras dentro de tu closet, ahora mismo, verás alguna ropa que hace tiempo no usas, mientras allá afuera hay unos que tiemblan de frío.

De esto se trató lo que hizo Judá, cobijó con su bendición a otro que necesitaba ser bendecido en aquel momento. Si te preguntas cual es el momento ideal para compartir, la respuesta es: ¡Ahora mismo!

¿A quién o qué, estás cobijando con tu bendición?

El nombre Judá significa: "sea alabado". Que tu actitud con la bendición que Dios te dio, da y dará, pueda constituirse en algo que sea alabado por los que te rodean, y también por el mismo Dios.

No hay nada que se aplauda más que el compartir. Que tu bendición pueda cobijar la carencia de los más necesitados.

COMPAÑÍA BÉLICA

LAS MANOS DE AQUELLOS CON LOS CUALES COMPARTISTE TU BENDICIÓN, SERÁN LAS QUE TE ACOMPAÑARÁN EN TUS BATALLAS. ASÍ QUE, NO DUDES EN COMPARTIR

Josué 19:1-23

Si hay una ley que no puede fallar, es la ley de la siembra y de la cosecha. Todo lo que sembremos en algún momento lo vamos a cosechar. Judá cobijó con su bendición la necesidad de Simeón (que era la menor de las tribus), pero fue precisamente la tribu de Simeón quien siempre se unió a Judá para "salir con él a la batalla".

Sin duda alguna, aquí hay reciprocidad, fidelidad y gratitud expresada: "Me ayudaste en mis tiempos de necesidad; así que cuenta conmigo en tus momentos de lucha".

En la vida todos tenemos batallas que luchar, pero qué bueno es cuando tenemos aquellos buenos compañeros y amigos que nos acompañan en estas batallas; los que levantan nuestras manos en los momentos de debilidades; los que nos dan aquella palabra de ánimo, cuando el desánimo nos golpea tanto, que estamos a punto de caer y desmayar.

Simeón estuvo con Judá en todos esos momentos, diciéndole: "Aquí estoy yo para ayudarte, para acompañarte en tus batallas. Ninguna flecha llegará a ti, ninguna piedra te golpeará o te herirá sin que mi escudo se interponga en el camino".

No tengas dudas en sembrar y compartir ayuda en abundancia, ¡si es posible hazlo hoy mismo!

Mayormente, las manos de aquellos que "cobijas" con tu bendición serán aquellas que estarán contigo en tu campo de batalla. Solamente la ingratitud, infidelidad y rebelión se interpondrían en esta acción.

Espero que seas uno de los que enfrentan las batallas de la vida, ¡acompañado de multitudes!

Las manos de aquellos con los cuales compartiste tu bendición, serán las que te acompañarán en tus batallas. Así que, no dudes en compartir.

CANAL DE BENDICIÓN

LA BENDICIÓN DE DIOS FLUIRÁ EN TU VIDA Y SERÁ INEVITABLE QUE ESTA TOQUE A TU FAMILIA

Josué 19:1-23

Observo, en la entrega de cada bendición dada por Dios, la frase: "conforme sus familias" (vv.1, 10, 17).

La bendición de Dios toca toda la familia… Por la puerta del arca todavía están entrando los "Noés" (personaje que construyó el arca) acompañados de sus familias.

Desde el principio de la humanidad vemos el interés de Dios en la familia; en constituirla y bendecirla. Aunque la palabra profética, dada por Jacob, fue entregada a cada uno de sus hijos de una manera particular, esta palabra profética abrazó también a sus familias.

¡Sé un canal de bendición para tu familia! ¡Pelea por tu familia! ¡Pelea por tu hogar! Hay muchas familias que son bendecidas por la vida de uno de sus miembros (acordémonos de Noé). Sé tú esta persona por la cual la bendición entre, y digas como

Josué: "Yo y mi casa serviremos a Jehová" (Josué 24:15).

¡Tu hogar es una bendición! Aun cuando el enemigo luche y quiera engañarte haciéndote pensar lo contrario. Tu hogar es una bendición, porque tú estás allí y por ti la bendición de Dios fluirá en medio de tu casa.

Prepara una "plaquita", para colgarla en tu puerta, que traiga un aviso bien visible y grande que diga: "¡Aquí habita una familia mega contra bendecida, unida y feliz!".

La bendición de Dios fluirá en tu vida y será inevitable que esta toque a tu familia.

"GOLPEADO" POR LA PALABRA

CUANDO HAY UNA PALABRA PROFÉTICA SOBRE TU VIDA, TODO LO QUE TE RODEA COMPLOTARÁ PARA QUE ESTA SE CUMPLA

Josué 19:1-23

Cada tribu recibió un territorio caracterizado de una manera peculiar. Cada cual era diferente el uno del otro. Simeón lo recibió "entre la heredad de Judá"; Zabulón, "cerca al mar"; Isacar, en una "tierra fértil".

Los territorios, tocados por los pies de cada tribu, poseían características que estaban acordes a la palabra profética dada por su padre Jacob (ref. Gen. 49). La palabra profética fue la que determinó la "senda" de cada uno de ellos. No fue que se "subieron a cualquier bus" sin destino o algo que sucedió al azar.

Tus caminos en esta vida no están determinados por las circunstancias y tampoco es una coincidencia todo lo que te rodea. Aún mismo la geografía y todo lo que te rodea conspirará (complotará) para que la palabra profética se cumpla en tu vida, todo está bajo el control de Dios y de Su poderosa e infalible palabra de promesa.

Una regla totalmente segura e inequívoca para que te puedas guiar en tu vida, debe ser la palabra profética dada por Dios.

Si hay una palabra profética sobre tu vida, sentirás la sombra de la misma en cada paso que des en tu camino. Si esta palabra es de Dios, con seguridad, se cumplirá. ¡Así que, prepárate!

Cuando hay una palabra profética sobre tu vida, todo lo que te rodea complotará para que esta se cumpla.

EDIFICANDO FORTALEZAS

DEBES SABER TRANSFORMAR DEBILIDADES EN FORTALEZAS. MUCHOS LEVANTARON IMPERIOS PARTIENDO DE SUS MOMENTOS DE AFLICCIÓN

Josué 19:24-51

La tribu de Neftalí recibió tierras "montañosas"; esta era la característica de lo recibido, sin embargo, construyeron allí sus fortalezas (v.35).

Aquí se revela que ellos recibieron un terreno difícil de lidiar y de trabajar en él. No era para nada fácil sembrar en montañas, tampoco cultivar en ellas, por obvias razones. Pero esta tribu no "se bloqueó" en su acción, presentando excusas, tampoco dejó de producir por la situación geográfica de la tierra; ¡increíble!, pero la información recibida es que ellos levantaron en este lugar tan difícil, ¡una fortaleza!

"Debes saber transformar tus momentos de debilidad en fortalezas". Se conoce a mucha gente que en sus momentos de dificultad (desempleo, escasez, pérdidas, pandemias) se levantaron, y construyeron en el mismo terreno de "sus debilidades y dificultades" ¡tremendas fortalezas!

Muchos son los que se levantan para reclamar y llorar de su mala suerte en la vida, evidenciando su contexto de vida triste, de donde viven, de su situación económica, de las "montañas" que tienen que cruzar y lidiar a diario; mientras otros toman estas mismas montañas (como esta tribu lo hizo) y construyen en ellas sus impresionantes fortalezas.

Si te bloqueas y solamente consideras las dificultades que representan esas tus montañas, ¡jamás caminarás por los pasillos amplios y seguros de tus fortalezas!

Debes saber transformar debilidades en fortalezas. Muchos levantaron imperios partiendo de sus momentos de aflicción.

MUEVE TU BRAZO

HAY MOMENTOS EN QUE DEBES RECONOCER QUE EL QUE TIENE QUE ACCIONAR ERES TÚ. ES BUENO ESPERAR EN EL SEÑOR, PERO CUANDO ÉL TE ORDENA TOCAR EL MAR, LA ÚNICA MANERA DE QUE ESTE SE ABRA ES QUE "MUEVAS TU BRAZO"

Josué 19:24-51

Los hijos de Dan se levantaron para conquistar más tierra; pues el territorio que tenían era demasiado pequeño para ellos (v.47). Al percatarse de eso, de que las cosas estaban "bien apretadas", ellos mismos se levantaron y conquistaron a Lesém (*Leshem*), palabra que traduce "piedra preciosa".

Hay que observar que ellos ya habían recibido un territorio dado por el mismo Dios, sin embargo, no se quedaron reclamando delante de Él pidiéndole que les diera más tierras, "ellos mismos se levantaron y salieron para conquistarlas".

Hay momentos donde debes reconocer que el que tiene que moverse y accionar eres tú mismo. Hay "*Leshem*" (piedras preciosas), que estarán en tus manos, pero serás tú mismo quien te levantarás para buscarlas y conquistarlas.

Si estás en un momento de aprieto y dificultad en la vida, cree que Dios te puede ayudar, ¡y así será!, pero pregunta también, si no estás así porque dejaste de accionar. Al reflexionar en ello "¡puedes que te sorprendas con la respuesta!".

Hay momentos en que debes reconocer que el que tiene que accionar eres tú. Es bueno esperar en el Señor, pero cuando Él te ordena tocar el mar, la única manera de que este se abra es que "muevas tu brazo".

ALTRUISMO OLVIDADO

EL VERDADERO LÍDER ES EL QUE SE PREOCUPA CON
EL BIEN COMÚN ANTES QUE EN VENTAJAS
PARTICULARES, AUN CUANDO EL VIENTO
IMPETUOSO DEL EGOÍSMO ESTÉ TOCANDO LA VIDA
DE MUCHOS

Josué 19:24-51

Josué, el grande líder, fue "el último" en recibir su herencia, mientras todos los demás ya estaban establecidos y desfrutando en su propio territorio.

Aquí, es necesario observar, no solamente una característica que debe ser inherente en el accionar de los líderes: el altruismo, sino que también una acción y actitud que debe estar presente en la vida de todos nosotros: "buscar el bien común; antes que, las ventajas particulares".

La frase "ayudar a los demás", causa, inclusive, repudio en algunos y está cada vez más ausente del cotidiano de la humanidad. El viento impetuoso del egoísmo ha soplado por muchos lugares e, infortunadamente, ha tocado la vida de muchos. El altruismo es algo que, infelizmente, se encuentra en rápido proceso de extinción.

Mira a tu lado y verás que la marca de tu pantalón contrasta con la inexistencia de vestimenta de algunos.

No es que ahora tengas que "salvar al mundo", pero, seguramente, con tus acciones altruistas ¡podrás salvar el mundo de algunos!

Eliminemos, con nuestras acciones y actitudes cotidianas, el egoísmo que se ha agigantado tanto en los días de hoy.

El verdadero líder es el que se preocupa con el bien común antes que en ventajas particulares, aun cuando el viento impetuoso del egoísmo esté tocando la vida de muchos.

BAJO REFUGIO

DIOS ESTABLECIÓ CIUDADES DE REFUGIO. QUIEN LLEGABA A ELLAS ESTABA PROTEGIDO. ¡DIOS ES TU REFUGIO! Y MIENTRAS ESTÉS EN ÉL EL PERSEGUIDOR NO PODRÁ TOCARTE JAMÁS

Josué 20:1-9

Dios estableció, en medio al trajín de la nueva vida de este pueblo, ciudades de refugio (v.2). Todo hombre que pecara (no a propósito) podría huir hacia ellas y encontrar allí protección y abrigo.

Vemos aquí la clara intención de Dios de restaurar al hombre pecador. Obviamente, Dios conocía la estructura humana de su pueblo (también conoce la nuestra) y estableció estas ciudades de refugio; no para que imperara la impunidad, sino para que abundara la misericordia.

Hoy, literalmente hablando, no están estas ciudades de refugio, sin embargo, el salmista David afirma en su Salmo: "Dios es nuestro refugio y fortaleza" (Sal. 46:1).

Así como se encontraba refugio en estas ciudades, hoy puedes encontrar refugio en el Señor. Estar bajo este refugio te trae protección.

Alza tu voz y di con convencimiento: "Dios es mi refugio y mi socorro bien presente en la angustia".

Así que, mi amigo y hermano, el "perseguidor" puede hasta llegar cerca de tu casa, inclusive golpear tu misma puerta, pero ¡no podrá entrar, tampoco tocarte! … Estás bajo refugio.

Dios estableció ciudades de refugio. Quien llegaba a ellas estaba protegido. ¡Dios es tu refugio! y mientras estés en Él, el perseguidor no podrá tocarte jamás.

ENCAPSULADO POR LA PROTECCIÓN

DIOS ES TU REFUGIO. SI CAMINAS POR LAS CALLES DE TU CIUDAD DE REFUGIO, ESTARÁS "ENCAPSULADO" POR LA FUERZA INVENCIBLE DE LA PROTECCIÓN Y PROVISIÓN

Josué 20:1-9

Las ciudades de refugio establecidas por Dios en medio de este pueblo, poseían características que hay que considerar con detenimiento, ya que hoy Dios es nuestro refugio (Sal.46:1).

*Geográficamente, esas ciudades estaban ubicadas "estratégicamente" y "equitativamente" separadas una de las otras, de manera que, todos podían tener un rápido acceso… Puedes acercarte a Él en cualquier lugar y en cualquier momento, ya no necesitas ningún intermediario, ¡ahora mismo ¡Él está a tu lado!

* Sus puertas "siempre estaban abiertas", de día y de noche, para que aquel que llegara, a cualquier momento, pudiera entrar… Dios nunca estará demasiado ocupado para ti, Sus brazos siguen abiertos para que puedas aproximarte y abrazarlo, el ¡velo ha sido roto! El camino está abierto.

* El que entraba dentro de sus puertas "recibía apoyo instantáneo" (v.4). Apoyo donde todo lo demás estaba inserido: protección, habitación, alimentación.

* El perseguidor "no podría ponerles las manos"; tampoco, sus pies dentro de esas ciudades (v.5)… Si estás bajo este refugio el perseguidor no podrá tocarte. Si tú familia está bajo este refugio, nadie ni nada podrá tocarlos. Dios es nuestro refugio.

Dios es tu refugio. Si caminas por las calles de tu ciudad de refugio, estarás "encapsulado" por la fuerza invencible de la protección y provisión.

LA MULTIPLICACIÓN

UN PRINCIPIO QUE NO PUEDE FALLAR JAMÁS:
CUANDO REPARTAS LOS PANES A LA MULTITUD,
ESTOS SE MULTIPLICARÁN EN TUS MANOS

Josué 21:1-7

Cada grupo de tribus se unió para dar heredad a los levitas (los que eran encargados del servicio al Señor). Se unieron bajo un mismo propósito: el de bendecir a los levitas y, por ende, bendecir a la obra del Señor… ¡Dios cuenta contigo para el aporte a Su obra! Aun cuando Dios pudiera transformar "piedras en lingotes de oro" y entregárselos en manos de los levitas, no lo hizo, sino que usó a Su "mismo pueblo" para hacerlo.

No es diferente en los días de hoy, y tú debes saber que la bendición que Dios coloca en tus manos tiene un propósito claro: ¡Eres bendecido para bendecir! y cuanto más bendices, ¡más eres bendecido! Este es un ciclo controlado rigurosamente por las manos omnipotentes e infalibles del mismo Dios.

…Un muchacho colocó en las manos del Señor, sin ningún prejuicio, cinco panes de cebada y dos pececillos (ref. Juan 6:9-13) y con esa pequeña y particular merienda se alimentó a más de cinco mil hombres y, todavía, ¡sobraron 12 cestas llenas de peces y pan! La Biblia no dice o establece a quién pertenecía esas cestas que sobraron, pero la razón humana nos hace afirmar que sin duda debería ser de quien las dio al principio.

Permítame conjeturar…El muchachito que salió de la casa con una pequeña e incompleta merienda, ahora regresaba acompañado de doce hombres hercúleos, cargando en sus espaldas doce cestas "repletas" de panes y peces. Su mamá quedó anonadada con lo que vio, pero el muchacho simplemente dijo a su mamá: "No sé qué pasó mamita, sencillamente puse en las manos de Él todo lo que yo tenía".

El secreto de la multiplicación está a disposición de todos. "Los panes se multiplicarán en tus manos cuando los repartas entre la multitud". (Mt 14:19). Este principio no puede fallar.

Un principio que no puede fallar jamás: cuando repartas los panes a la multitud, estos se multiplicarán en tus manos.

ES HORA DE PEDIR

DEBES TENER CLARO A QUIÉN PEDIR, QUÉ PEDIR, CÓMO PEDIR Y PARA QUÉ PEDIR. PARA QUE TUS PETICIONES SEAN ATENDIDAS

Josué 21:1-7

Los jefes de la familia de Leví fueron a las "autoridades" de la época para pedirles ayuda (v.1). Es interesante que al pedirles esta ayuda dijeron que era "algo determinado por el mismo Dios" (v.2).

Hay características muy claras en estas afirmaciones: "Saber a quién pedir; saber qué pedir; saber cómo pedir y para qué pedir".

Estas cuatro características consideradas, tú debes tenerlas claras y presentes en tus peticiones. Muchos, hoy día, ¡no saben ni siquiera qué pedir!, tampoco a quién o cómo pedir o para qué pedir. Están pidiendo lo que no es a quien no deben pedir y recibiendo lo que no esperaban.

La Biblia, en una afirmación impresionante, dice que: "No tenemos lo que deseamos por no saber pedir" (Santiago 4:3). En otra, afirma: "Pídeme y te daré por herencia las naciones" (Sal 2:8).

Identifica y tengas claro lo que quieres y luego mira a quién pedírselo. Esta tribu sabía hacerlo y por ello recibió ¡cuarenta y ocho ciudades para morar!

Aprende a pedir; principalmente cuando es a Dios, porque no puedes imaginar ¡cuánto tiene Él para darte!

Una vez más recalcamos el versículo: "¡Pídeme y te daré por herencia las naciones!".

Debes tener claro a quién pedir, qué pedir, cómo pedir y para qué pedir. Para que tus peticiones sean atendidas.

EL MEJOR LUGAR

NO NOS EQUIVOQUEMOS. EL MEJOR LUGAR DEL
MUNDO PARA ESTAR, NO ES AQUEL REGIDO POR EL
CONCEPTO HUMANO, SINO EL QUE DIOS
DETERMINÓ PARA CADA UNO

Josué 21:8-26

El método para distribuir las ciudades entre el pueblo, fue determinado por Dios. Fue Dios quien determinó la porción a ser recibida por cada tribu. Esta porción no fue determinada por la escogencia personal, tampoco, según el criterio y gusto de cada uno.

En esta repartición de tierras a unos les tocó un excelente lugar; a otros, un lugar no tan bueno. A unos valles fértiles, a otros, montañas llenas de rocas. Pero "todos aceptaron" lo que Dios les entregó, allí se establecieron y allí se desarrollaron.

Muchas veces el territorio por el cual caminamos no es tan agradable como esperábamos que fuera, sin embargo, ¡fue en este territorio donde Dios nos colocó!, y la experiencia, en esos casos, dicta que el "mejor lugar del mundo" para estar, independientemente de cuál sea o como sea, es donde Dios nos indica que estemos.

Así que, si estás en algún lugar que "no coincide" con tus perspectivas de belleza y confort, pero tienes la certeza y seguridad que fue Dios quien te puso y estableció ahí, levanta tu mano, alza tu voz y afirma: "Estoy en el mejor lugar del mundo para mí".

No nos equivoquemos. El mejor lugar del mundo para estar, no es aquel regido por el concepto humano, sino el que Dios determinó para cada uno.

TOCARÁN TU PUERTA

LA BENDICIÓN DE DIOS ES PLENA, COMPLETA E INFALIBLE. SI TE FALTA ALGO QUE COMPLETE TU BENDICIÓN, NO ES PORQUE NO LLEGÓ, SINO QUE VIENE EN CAMINO. PREPÁRATE PARA RECIBIRLA

Josué 21:8-26

Cada uno recibió no solamente las ciudades, sino que también sus ejidos (lugares de pastos).

Realmente sería una dificultad para este pueblo vivir en una ciudad y no tener lo necesario para subsistir. Pero, a pesar de que recibir una ciudad ya fuera una gran bendición, Dios se preocupó también con esos detalles. Ellos vivirían allí y tendrían posibilidades de producir lo necesario para su consumo diario, en esos lugares de pastos.

¡La bendición que Dios te entrega siempre es plena y completa! No será una bendición a medias y tampoco añadirá con ella tristeza. Dios no te entregaría una ciudad para que murieras de hambre en ella, esa incoherencia no está en las acciones de un Dios soberano. Lo que Dios tiene para ti llegará, y llegará por completo, pleno y sin ninguna faltante.

Así que, si todavía crees que te falta algo para que la bendición de Dios sea completa y plena en tu vida, no es que ella falló o que no llegó, sino que "viene en camino", ¡Quizás ya esté en la esquina de tu cuadra!

Si Dios te dijo que todos tus hijos serían salvos y hasta ahora solamente la mitad llegó a los pies del Señor, por fe, compra las Biblias que te hacen falta, coloca en ellas los nombres de esos hijos, que aún no llegaron, porque todos servirán a Dios, porque tu bendición será plena, completa e infalible.

El correo de Dios jamás falló la dirección de entrega. El mensajero pronto tocará tu puerta, ¡prepárate para abrirla!

La bendición de Dios es plena, completa e infalible. Si te falta algo que complete tu bendición, no es porque no llegó, sino que viene en camino. Prepárate para recibirla.

VIENE LA RECOMPENSA

LA NUBE DE BENDICIÓN CAMINA SOBRE LA VIDA DE AQUELLOS QUE AMAN EL SERVICIO EN LA CASA DE DIOS

Josué 21:8-26

Aquí, en este pasaje, los hijos de Aarón también recibieron su herencia. Aarón fue el sacerdote separado por el mismo Dios para la ministración de Su servicio en Su tabernáculo, y sus hijos ¡son bendecidos también!

Todos aquellos que de alguna manera hacen algo para Dios, para Su casa y obra, deben tener la plena certeza de que su trabajo tiene recompensa en el Señor. ¡No es en vano lo que haces para Dios!, independiente de lo que sea.

Sé que en ti no hay este sentimiento, pero si no ves ninguna recompensa notoria en el momento, no te preocupes, porque de alguna manera y forma esta bendición llegará.

La "nube de bendición" siempre camina sobre la vida de aquellos que aman el servicio en la casa de Dios, y sobre ellos, esta reposa.

Hazlo con excelencia, con disposición y amor, lo que tengas que hacer en la casa de Dios y en Su obra, porque este "poderoso Jefe" es justo, te está viendo ¡y te recompensará!

Así que, prepárate para que "esta nube" descienda y repose sobre tu vida, sobre tu casa y familia. ¡Caminarás bajo esta sombra!

La nube de bendición camina sobre la vida de aquellos que aman el servicio en la casa de Dios.

AGRADECIMIENTOS

A mi amado Dios que me ha guardado bajo Su poderosa sombra, no he caminado sin sentirla ni un solo instante de mi vida, a Él toda la honra y gloria.

A mí familia: Simone Alves, mi amada esposa, ayuda idónea y compañera de todos los momentos. Felipe y Paola Alves, mis queridos hijos, tesoros y herencia dada por Dios.

A mis padres: Antonio Nunes Alves y Maria Izabel Soares de Souza Alves. A mis hermanos, Flavio y Ademilson Nunes Alves. A todos mis familiares.

A mis pastores y autoridades: José Wellington Bezerra da Costa, José Wellington Junior, José Pereira da Silva, Oséias Pereira da Silva y Eliezer Pereira da Silva, hombres de Dios por quienes tengo grande admiración, respeto y gratitud.

A todos los lectores de los muchos lugares de este fabuloso planeta, que viajan de su momento actual a las páginas de un libro, y por ellas, caminando entre frases, oraciones y palabras, se dejan guiar y soñar.

ACERCA DEL AUTOR

Carlos Henrique Alves es brasilero. Nació en la ciudad de Ourinhos, Departamento de São Paulo, en el año de 1966. Casado con la salmista y misionera Simone Alves, padre de Felipe Alves (25 años) y Paola Alves (19 años).

Misionero de la iglesia Asambleas de Dios, ministerio Belém (*Asamblies of God Region Departament of Belém*). Realiza la obra misionera desde hace 23 años. En la nación de Venezuela (por 6 años) y Colombia (hasta la presente fecha; 2020).

Teólogo, Ministro Ordenado de las Asambleas de Dios (Brasil / Colombia). Ministro del Evangelio, con cargos eclesiásticos desde el año 1989 (*Cooperador 1989, Diácono 1994, Presbítero 1995, Evangelista y Pastor 1997, Misionero 1997*). Actualmente (año 2020), pastorea en la ciudad de Bogotá, D.C.

Directivo de la Junta Administrativa Eclesiástica de la iglesia CFC Internacional, ejerciendo como primer secretario. Director de Plan Felipe Integral (estrategia de evangelismo).

Miembro de la junta directiva de la Fundación Manos que Ayudan (Obra social).

Miembro permanente de la mesa de negocios del Consejo Territorial de Paz, Derechos Humanos, Reconciliación y Convivencia de Colombia.

Autor del libro "Conquistando mi Territorio de Bendición" (Cómo alcanzar lo que deseas). Tecnólogo en edificaciones (obras de construcción civil).

Sobre todo, siervo.

TEXTOS REFERENCIAS BÍBLICAS

Texto Referencia: Josué 12:1-24

Estos son los reyes de la tierra que los hijos de Israel derrotaron y cuya tierra poseyeron al otro lado del Jordán hacia donde nace el sol, desde el arroyo de Arnón hasta el monte Hermón, y todo el Arabá al oriente:[2] Sehón rey de los amorreos, que habitaba en Hesbón, y señoreaba desde Aroer, que está a la ribera del arroyo de Arnón, y desde en medio del valle, y la mitad de Galaad, hasta el arroyo de Jaboc, término de los hijos de Amón;[3] y el Arabá hasta el mar de Cineret, al oriente; y hasta el mar del Arabá, el Mar Salado, al oriente, por el camino de Bet-jesimot, y desde el sur al pie de las laderas del Pisga.[4] Y el territorio de Og rey de Basán, que había quedado de los refaítas, el cual habitaba en Astarot y en Edrei,[5] y dominaba en el monte Hermón, en Salca, en todo Basán hasta los límites de Gesur y de Maaca, y la mitad de Galaad, territorio de Sehón rey de Hesbón.[6] A éstos derrotaron Moisés siervo de Jehová y los hijos de Israel; y Moisés siervo de Jehová dio aquella tierra en posesión a los rubenitas, a los gaditas y a la media tribu de Manasés.[7] Y estos son los reyes de la tierra que derrotaron Josué y los hijos de Israel, a este lado del Jordán hacia el occidente, desde Baal-gad en el llano del Líbano hasta el monte de Halac que sube hacia Seir; y Josué dio la tierra en posesión a las tribus de Israel, conforme a su distribución;[8] en las montañas, en los valles, en el Arabá, en las laderas, en el desierto y en el Neguev; el heteo, el amorreo, el cananeo, el ferezeo, el heveo y el jebuseo.[9] El rey de Jericó, uno; el rey de Hai, que está al lado de Bet-el, otro;[10] el rey de Jerusalén, otro; el rey de Hebrón, otro; [11] el rey de Jarmut, otro; el rey de Laquis, otro;[12] el rey de Eglón, otro; el rey de Gezer, otro;[13] el rey de Debir, otro; el rey de Geder, otro;[14] el rey de Horma, otro; el rey de Arad, otro;[15] el rey de Libna, otro; el rey de Adulam, otro;[16] el rey de Maceda, otro; el rey de Bet-el, otro;[17] el rey de Tapúa, otro; el rey de Hefer, otro;[18] el rey de Afec, otro; el rey de Sarón, otro;[19] el rey de Madón, otro; el rey de Hazor, otro;[20] el rey de Simron-merón, otro; el rey de Acsaf, otro;[21] el rey de Taanac, otro; el rey de Meguido, otro;[22] el rey de Cedes, otro; el rey de Jocneam del Carmelo, otro;[23] el rey de Dor, de la provincia de Dor, otro; el rey de Goim en Gilgal, otro;[24] el rey de Tirsa, otro; treinta y un reyes por todos.

Texto Referencia: Josué 13:1-14

¹Siendo Josué ya viejo, entrado en años, Jehová le dijo: Tú eres ya viejo, de edad avanzada, y queda aún mucha tierra por poseer.²Esta es la tierra que queda: todos los territorios de los filisteos, y todos los de los gesureos;³desde Sihor, que está al oriente de Egipto, hasta el límite de Ecrón al norte, que se considera de los cananeos; de los cinco príncipes de los filisteos, el gazeo, el asdodeo, el ascaloneo, el geteo y el ecroneo; también los aveos;⁴al sur toda la tierra de los cananeos, y Mehara, que es de los sidonios, hasta Afec, hasta los límites del amorreo;⁵la tierra de los giblitas, y todo el Líbano hacia donde sale el sol, desde Baal-gad al pie del monte Hermón, hasta la entrada de Hamat;⁶todos los que habitan en las montañas desde el Líbano hasta Misrefotmaim, todos los sidonios; yo los exterminaré delante de los hijos de Israel; solamente repartirás tú por suerte el país a los israelitas por heredad, como te he mandado.⁷Reparte, pues, ahora esta tierra en heredad a las nueve tribus, y a la media tribu de Manasés.⁸Porque los rubenitas y gaditas y la otra mitad de Manasés recibieron ya su heredad, la cual les dio Moisés al otro lado del Jordán al oriente, según se la dio Moisés siervo de Jehová;⁹desde Aroer, que está a la orilla del arroyo de Arnón, y la ciudad que está en medio del valle, y toda la llanura de Medeba, hasta Dibón;¹⁰todas las ciudades de Sehón rey de los amorreos, el cual reinó en Hesbón, hasta los límites de los hijos de Amón;¹¹y Galaad, y los territorios de los gesureos y de los maacateos, y todo el monte Hermón, y toda la tierra de Basán hasta Salca;¹²todo el reino de Og en Basán, el cual reinó en Astarot y en Edrei, el cual había quedado del resto de los refaítas; pues Moisés los derrotó, y los echó.¹³Mas a los gesureos y a los maacateos no los echaron los hijos de Israel, sino que Gesur y Maaca habitaron entre los israelitas hasta hoy.¹⁴Pero a la tribu de Leví no dio heredad; los sacrificios de Jehová Dios de Israel son su heredad, como él les había dicho.

Texto Referencia: Josué 13:15-33

[15] Dio, pues, Moisés a la tribu de los hijos de Rubén conforme a sus familias.[16] Y fue el territorio de ellos desde Aroer, que está a la orilla del arroyo de Arnón, y la ciudad que está en medio del valle, y toda la llanura hasta Medeba; [17] Hesbón, con todas sus ciudades que están en la llanura; Dibón, Bamot-baal, Bet-baal-meón, [18] Jahaza, Cademot, Mefaat,[19] Quiriataim, Sibma, Zaret-sahar en el monte del valle,[20] Bet-peor, las laderas de Pisga, Bet-jesimot,[21] todas las ciudades de la llanura, y todo el reino de Sehón rey de los amorreos, que reinó en Hesbón, al cual derrotó Moisés, y a los príncipes de Madián, Evi, Requem, Zur, Hur y Reba, príncipes de Sehón que habitaban en aquella tierra.[22] También mataron a espada los hijos de Israel a Balaam el adivino, hijo de Beor, entre los demás que mataron.[23] Y el Jordán fue el límite del territorio de los hijos de Rubén. Esta fue la heredad de los hijos de Rubén conforme a sus familias, estas ciudades con sus aldeas.[24] Dio asimismo Moisés a la tribu de Gad, a los hijos de Gad, conforme a sus familias.[25] El territorio de ellos fue Jazer, y todas las ciudades de Galaad, y la mitad de la tierra de los hijos de Amón hasta Aroer, que está enfrente de Rabá.[26] Y desde Hesbón hasta Ramat-mizpa, y Betonim; y desde Mahanaim hasta el límite de Debir;[27] y en el valle, Bet-aram, Bet-nimra, Sucot y Zafón, resto del reino de Sehón rey de Hesbón; el Jordán y su límite hasta el extremo del mar de Cineret al otro lado del Jordán, al oriente.[28] Esta es la heredad de los hijos de Gad por sus familias, estas ciudades con sus aldeas.[29] También dio Moisés heredad a la media tribu de Manasés; y fue para la media tribu de los hijos de Manasés, conforme a sus familias.[30] El territorio de ellos fue desde Mahanaim, todo Basán, todo el reino de Og rey de Basán, y todas las aldeas de Jair que están en Basán, sesenta poblaciones,[31] y la mitad de Galaad, y Astarot y Edrei, ciudades del reino de Og en Basán, para los hijos de Maquir hijo de Manasés, para la mitad de los hijos de Maquir conforme a sus familias.[32] Esto es lo que Moisés repartió en heredad en los llanos de Moab, al otro lado del Jordán de Jericó, al oriente.[33] Mas a la tribu de Leví no dio Moisés heredad; Jehová Dios de Israel es la heredad de ellos, como él les había dicho.

Texto Referencia: Josué 14:1-15

Esto, pues, es lo que los hijos de Israel tomaron por heredad en la tierra de Canaán, lo cual les repartieron el sacerdote Eleazar, Josué hijo de Nun, y los cabezas de los padres de las tribus de los hijos de Israel.[2] Por suerte se les dio su heredad, como Jehová había mandado a Moisés que se diera a las nueve tribus y a la media tribu.[3] Porque a las dos tribus y a la media tribu les había dado Moisés heredad al otro lado del Jordán; mas a los levitas no les dio heredad entre ellos.[4] Porque los hijos de José fueron dos tribus, Manasés y Efraín; y no dieron parte a los levitas en la tierra sino ciudades en que morasen, con los ejidos de ellas para sus ganados y rebaños.[5] De la manera que Jehová lo había mandado a Moisés, así lo hicieron los hijos de Israel en el repartimiento de la tierra.[6] Y los hijos de Judá vinieron a Josué en Gilgal; y Caleb, hijo de Jefone cenezeo, le dijo: Tú sabes lo que Jehová dijo a Moisés, varón de Dios, en Cades-barnea, tocante a mí y a ti.[7] Yo era de edad de cuarenta años cuando Moisés siervo de Jehová me envió de Cades-barnea a reconocer la tierra; y yo le traje noticias como lo sentía en mi corazón.[8] Y mis hermanos, los que habían subido conmigo, hicieron desfallecer el corazón del pueblo; pero yo cumplí siguiendo a Jehová mi Dios.[9] Entonces Moisés juró diciendo: Ciertamente la tierra que holló tu pie será para ti, y para tus hijos en herencia perpetua, por cuanto cumpliste siguiendo a Jehová mi Dios.[10] Ahora bien, Jehová me ha hecho vivir, como él dijo, estos cuarenta y cinco años, desde el tiempo que Jehová habló estas palabras a Moisés, cuando Israel andaba por el desierto; y ahora, he aquí, hoy soy de edad de ochenta y cinco años.[11] Todavía estoy tan fuerte como el día que Moisés me envió; cual era mi fuerza entonces, tal es ahora mi fuerza para la guerra, y para salir y para entrar.[12] Dame, pues, ahora este monte, del cual habló Jehová aquel día; porque tú oíste en aquel día que los anaceos están allí, y que hay ciudades grandes y fortificadas. Quizá Jehová estará conmigo, y los echaré, como Jehová ha dicho.[13] Josué entonces le bendijo, y dio a Caleb hijo de Jefone a Hebrón por heredad.[14] Por tanto, Hebrón vino a ser heredad de Caleb hijo de Jefone cenezeo, hasta hoy, por cuanto había seguido cumplidamente a Jehová Dios de Israel.[15] Mas el nombre de Hebrón fue antes Quiriat-arba; porque Arba fue un hombre grande entre los anaceos. Y la tierra descansó de la guerra.

Texto Referencia: Josué 15:1-12

La parte que tocó en suerte a la tribu de los hijos de Judá, conforme a sus familias, llegaba hasta la frontera de Edom, teniendo el desierto de Zin al sur como extremo meridional.[2] Y su límite por el lado del sur fue desde la costa del Mar Salado, desde la bahía que mira hacia el sur;[3] y salía hacia el sur de la subida de Acrabim, pasando hasta Zin; y subiendo por el sur hasta Cades-barnea, pasaba a Hezrón, y subiendo por Adar daba vuelta a Carca.[4] De allí pasaba a Asmón, y salía al arroyo de Egipto, y terminaba en el mar. Este, pues, os será el límite del sur.[5] El límite oriental es el Mar Salado hasta la desembocadura del Jordán. Y el límite del lado del norte, desde la bahía del mar en la desembocadura del Jordán;[6] y sube este límite por Bet-hogla, y pasa al norte de Bet-arabá, y de aquí sube a la piedra de Bohán hijo de Rubén.[7] Luego sube a Debir desde el valle de Acor; y al norte mira sobre Gilgal, que está enfrente de la subida de Adumín, que está al sur del arroyo; y pasa hasta las aguas de En-semes, y sale a la fuente de Rogel.[8] Y sube este límite por el valle del hijo de Hinom al lado sur del jebuseo, que es Jerusalén. Luego sube por la cumbre del monte que está enfrente del valle de Hinom hacia el occidente, el cual está al extremo del valle de Refaim, por el lado del norte.[9] Y rodea este límite desde la cumbre del monte hasta la fuente de las aguas de Neftoa, y sale a las ciudades del monte de Efrón, rodeando luego a Baala, que es Quiriat-jearim.[10] Después gira este límite desde Baala hacia el occidente al monte de Seir; y pasa al lado del monte de Jearim hacia el norte, el cual es Quesalón, y desciende a Bet-semes, y pasa a Timna.[11] Sale luego al lado de Ecrón hacia el norte; y rodea a Sicrón, y pasa por el monte de Baala, y sale a Jabneel y termina en el mar.[12] El límite del occidente es el Mar Grande. Este fue el límite de los hijos de Judá, por todo el contorno, conforme a sus familias.

Texto Referencia: Josué 15:13-19

[13] Mas a Caleb hijo de Jefone dio su parte entre los hijos de Judá, conforme al mandamiento de Jehová a Josué; la ciudad de Quiriat-arba padre de Anac, que es Hebrón. [14] Y Caleb echó de allí a los tres hijos de Anac, a Sesai, Ahimán y Talmai, hijos de Anac [15] De aquí subió contra los que moraban en Debir; y el nombre de Debir era antes Quiriat-sefer. [16] Y dijo Caleb: Al que atacare a Quiriat-sefer, y la tomare, yo le daré mi hija Acsa por mujer. [17] Y la tomó Otoniel, hijo de Cenaz hermano de Caleb; y él le dio su hija Acsa por mujer. [18] Y aconteció que cuando la llevaba, él la persuadió que pidiese a su padre tierras para labrar. Ella entonces se bajó del asno. Y Caleb le dijo: ¿Qué tienes? [19] Y ella respondió: Concédeme un don; puesto que me has dado tierra del Neguev, dame también fuentes de aguas. El entonces le dio las fuentes de arriba, y las de abajo.

Texto Referencia: Josué 15:20-63

[20] Esta, pues, es la heredad de la tribu de los hijos de Judá por sus familias. [21] Y fueron las ciudades de la tribu de los hijos de Judá en el extremo sur, hacia la frontera de Edom: Cabseel, Edar, Jagur, [22] Cina, Dimona, Adada, [23] Cedes, Hazor, Itnán, [24] Zif, Telem, Bealot, [25] Hazor-hadata, Queriot, Hezrón (que es Hazor), [26] Amam, Sema, Molada, [27] Hazar-gada, Hesmón, Bet-pelet, [28] Hazar-sual, Beerseba, Bizotia, [29] Baala, Iim, Esem, [30] Eltolad, Quesil, Horma, [31] Siclag, Madmana, Sansana, [32] Lebaot, Silhim, Aín y Rimón; por todas veintinueve ciudades con sus aldeas. [33] En las llanuras, Estaol, Zora, Asena, [34] Zanoa, En-ganim, Tapúa, Enam, [35] Jarmut, Adulam, Soco, Azeca, [36] Saaraim, Aditaim, Gedera y Gederotaim; catorce ciudades con sus aldeas. [37] Zenán, Hadasa, Migdal-gad, [38] Dileán, Mizpa, Jocteel, [39] Laquis, Boscat, Eglón, [40] Cabón, Lahmam, Quitlis, [41] Gederot, Bet-dagón, Naama y Maceda; dieciséis ciudades con sus aldeas. [42] Libna, Eter, Asán, [43] Jifta, Asena, Nezib, [44] Keila, Aczib y Maresa; nueve ciudades con sus aldeas. [45] Ecrón con sus villas y sus aldeas. [46] Desde Ecrón hasta el mar, todas las que están cerca de Asdod con sus aldeas. [47] Asdod con sus villas y sus aldeas; Gaza con sus villas y sus aldeas hasta el río de Egipto, y el Mar Grande con sus costas. [48] Y en las montañas, Samir, Jatir, Soco, [49] Dana, Quiriat-sana (que es Debir); [50] Anab, Estemoa, Anim, [51] Gosén, Holón y Gilo; once ciudades con sus aldeas. [52] Arab, Duma, Esán, [53] Janum, Bet-tapúa, Afeca, [54] Humta, Quiriat-arba (la cual es Hebrón) y Sior; nueve ciudades con sus aldeas. [55] Maón, Carmel, Zif, Juta, [56] Jezreel, Jocdeam, Zanoa, [57] Caín, Gabaa y Timna; diez ciudades con sus aldeas. [58] Halhul, Bet-sur, Gedor, [59] Maarat, Bet-anot y Eltecón; seis ciudades con sus aldeas. [60] Quiriat-baal (que es Quiriat-jearim) y Rabá; dos ciudades con sus aldeas. [61] En el desierto, Bet-arabá, Midín, Secaca, [62] Nibsán, la Ciudad de la Sal y En-gadi; seis ciudades con sus aldeas. [63] Mas a los jebuseos que habitaban en Jerusalén, los hijos de Judá no pudieron arrojarlos; y ha quedado el jebuseo en Jerusalén con los hijos de Judá hasta hoy.

Texto Referencia: Josué 16:1-10

Tocó en suerte a los hijos de José desde el Jordán de Jericó hasta las aguas de Jericó hacia el oriente, hacia el desierto que sube de Jericó por las montañas de Bet-el.[2] Y de Bet-el sale a Luz, y pasa a lo largo del territorio de los arquitas hasta Atarot,[3] y baja hacia el occidente al territorio de los jafletitas, hasta el límite de Bet-horón la de abajo, y hasta Gezer; y sale al mar.[4] Recibieron, pues, su heredad los hijos de José, Manasés y Efraín.[5] Y en cuanto al territorio de los hijos de Efraín por sus familias, el límite de su heredad al lado del oriente fue desde Atarot-adar hasta Bet-horón la de arriba.[6] Continúa el límite hasta el mar, y hasta Micmetat al norte, y da vuelta hacia el oriente hasta Taanat-silo, y de aquí pasa a Janoa.[7] De Janoa desciende a Atarot y a Naarat, y toca Jericó y sale al Jordán.[8] Y de Tapúa se vuelve hacia el mar, al arroyo de Caná, y sale al mar. Esta es la heredad de la tribu de los hijos de Efraín por sus familias.[9] Hubo también ciudades que se apartaron para los hijos de Efraín en medio de la heredad de los hijos de Manasés, todas ciudades con sus aldeas.[10] Pero no arrojaron al cananeo que habitaba en Gezer; antes quedó el cananeo en medio de Efraín, hasta hoy, y fue tributario.

Texto Referencia: Josué 17:1-13

Se echaron también suertes para la tribu de Manasés, porque fue primogénito de José. Maquir, primogénito de Manasés y padre de Galaad, el cual fue hombre de guerra, tuvo Galaad y Basán.[2] Se echaron también suertes para los otros hijos de Manasés conforme a sus familias: los hijos de Abiezer, los hijos de Helec, los hijos de Asriel, los hijos de Siquem, los hijos de Hefer y los hijos de Semida; éstos fueron los hijos varones de Manasés hijo de José, por sus familias[3] Pero Zelofehad hijo de Hefer, hijo de Galaad, hijo de Maquir, hijo de Manasés, no tuvo hijos sino hijas, los nombres de las cuales son estos: Maala, Noa, Hogla, Milca y Tirsa.[4] Estas vinieron delante del sacerdote Eleazar y de Josué hijo de Nun, y de los príncipes, y dijeron: Jehová mandó a Moisés que nos diese heredad entre nuestros hermanos. Y él les dio heredad entre los hermanos del padre de ellas, conforme al dicho de Jehová.[5] Y le tocaron a Manasés diez partes además de la tierra de Galaad y de Basán que está al otro lado del Jordán,[6] porque las hijas de Manasés tuvieron heredad entre sus hijos; y la tierra de Galaad fue de los otros hijos de Manasés.[7] Y fue el territorio de Manasés desde Aser hasta Micmetat, que está enfrente de Siquem; y va al sur, hasta los que habitan en Tapúa.[8] La tierra de Tapúa fue de Manasés; pero Tapúa misma, que está junto al límite de Manasés, es de los hijos de Efraín.[9] Desciende este límite al arroyo de Caná, hacia el sur del arroyo. Estas ciudades de Efraín están entre las ciudades de Manasés; y el límite de Manasés es desde el norte del mismo arroyo, y sus salidas son al mar.[10] Efraín al sur, y Manasés al norte, y el mar es su límite; y se encuentra con Aser al norte, y con Isacar al oriente.[11] Tuvo también Manasés en Isacar y en Aser a Bet-seán y sus aldeas, a Ibleam y sus aldeas, a los moradores de Dor y sus aldeas, a los moradores de Endor y sus aldeas, a los moradores de Taanac y sus aldeas, y a los moradores de Meguido y sus aldeas; tres provincias.[12] Mas los hijos de Manasés no pudieron arrojar a los de aquellas ciudades; y el cananeo persistió en habitar en aquella tierra [13] Pero cuando los hijos de Israel fueron lo suficientemente fuertes, hicieron tributario al cananeo, mas no lo arrojaron.

Texto Referencia: Josué 17:14-18

[14] Y los hijos de José hablaron a Josué, diciendo: ¿Por qué nos has dado por heredad una sola suerte y una sola parte, siendo nosotros un pueblo tan grande, y que Jehová nos ha bendecido hasta ahora? [15] Y Josué les respondió: Si sois pueblo tan grande, subid al bosque, y haceos desmontes allí en la tierra de los ferezeos y de los refaítas, ya que el monte de Efraín es estrecho para vosotros. [16] Y los hijos de José dijeron: No nos bastará a nosotros este monte; y todos los cananeos que habitan la tierra de la llanura, tienen carros herrados; los que están en Bet-seán y en sus aldeas, y los que están en el valle de Jezreel. [17] Entonces Josué respondió a la casa de José, a Efraín y a Manasés, diciendo: Tú eres gran pueblo, y tienes grande poder; no tendrás una sola parte, [18] sino que aquel monte será tuyo; pues aunque es bosque, tú lo desmontarás y lo poseerás hasta sus límites más lejanos; porque tú arrojarás al cananeo, aunque tenga carros herrados, y aunque sea fuerte.

Texto Referencia: Josué 18:1-10

Toda la congregación de los hijos de Israel se reunió en Silo, y erigieron allí el tabernáculo de reunión, después que la tierra les fue sometida.² Pero habían quedado de los hijos de Israel siete tribus a las cuales aún no habían repartido su posesión.³ Y Josué dijo a los hijos de Israel: ¿Hasta cuándo seréis negligentes para venir a poseer la tierra que os ha dado Jehová el Dios de vuestros padres?⁴ Señalad tres varones de cada tribu, para que yo los envíe, y que ellos se levanten y recorran la tierra, y la describan conforme a sus heredades, y vuelvan a mí.⁵ Y la dividirán en siete partes; y Judá quedará en su territorio al sur, y los de la casa de José en el suyo al norte.⁶ Vosotros, pues, delinearéis la tierra en siete partes, y me traeréis la descripción aquí, y yo os echaré suertes aquí delante de Jehová nuestro Dios.⁷ Pero los levitas ninguna parte tienen entre vosotros, porque el sacerdocio de Jehová es la heredad de ellos; Gad también y Rubén, y la media tribu de Manasés, ya han recibido su heredad al otro lado del Jordán al oriente, la cual les dio Moisés siervo de Jehová.⁸ Levantándose, pues, aquellos varones, fueron; y mandó Josué a los que iban para delinear la tierra, diciéndoles: Id, recorred la tierra y delineadla, y volved a mí, para que yo os eche suertes aquí delante de Jehová en Silo.⁹ Fueron, pues, aquellos varones y recorrieron la tierra, delineándola por ciudades en siete partes en un libro, y volvieron a Josué al campamento en Silo.¹⁰ Y Josué les echó suertes delante de Jehová en Silo; y allí repartió Josué la tierra a los hijos de Israel por sus porciones.

Texto Referencia: Josué 18:11-28

[11] Y se sacó la suerte de la tribu de los hijos de Benjamín conforme a sus familias; y el territorio adjudicado a ella quedó entre los hijos de Judá y los hijos de José. [12] Fue el límite de ellos al lado del norte desde el Jordán, y sube hacia el lado de Jericó al norte; sube después al monte hacia el occidente, y viene a salir al desierto de Bet-avén. [13] De allí pasa en dirección de Luz, al lado sur de Luz (que es Bet-el), y desciende de Atarot-adar al monte que está al sur de Bet-horón la de abajo. [14] Y tuerce hacia el oeste por el lado sur del monte que está delante de Bet-horón al sur; y viene a salir a Quiriat-baal (que es Quiriat-jearim), ciudad de los hijos de Judá. Este es el lado del occidente. [15] El lado del sur es desde el extremo de Quiriat-jearim, y sale al occidente, a la fuente de las aguas de Neftoa; [16] y desciende este límite al extremo del monte que está delante del valle del hijo de Hinom, que está al norte en el valle de Refaim; desciende luego al valle de Hinom, al lado sur del jebuseo, y de allí desciende a la fuente de Rogel. [17] Luego se inclina hacia el norte y sale a En-semes, y de allí a Gelilot, que está delante de la subida de Adumín, y desciende a la piedra de Bohán hijo de Rubén, [18] y pasa al lado que está enfrente del Arabá, y desciende al Arabá. [19] Y pasa el límite al lado norte de Bet-hogla, y termina en la bahía norte del Mar Salado, a la extremidad sur del Jordán; este es el límite sur. [20] Y el Jordán era el límite al lado del oriente. Esta es la heredad de los hijos de Benjamín por sus límites alrededor, conforme a sus familias. [21] Las ciudades de la tribu de los hijos de Benjamín, por sus familias, fueron Jericó, Bet-hogla, el valle de Casis, [22] Bet-arabá, Zemaraim, Bet-el, [23] Avim, Pará, Ofra, [24] Quefar-haamoni, Ofni y Geba; doce ciudades con sus aldeas; [25] Gabaón, Ramá, Beerot, [26] Mizpa, Cafira, Mozah, [27] Requem, Irpeel, Tarala, [28] Zela, Elef, Jebús (que es Jerusalén), Gabaa y Quiriat; catorce ciudades con sus aldeas. Esta es la heredad de los hijos de Benjamín conforme a sus familias.

Texto Referencia: Josué 19:1-23

La segunda suerte tocó a Simeón, para la tribu de los hijos de Simeón conforme a sus familias; y su heredad fue en medio de la heredad de los hijos de Judá.[2] Y tuvieron en su heredad a Beerseba, Seba, Molada,[3] Hazar-sual, Bala, Ezem,[4] Eltolad, Betul, Horma,[5] Siclag, Bet-marcabot, Hazar-susa,[6] Bet-lebaot y Saruhén; trece ciudades con sus aldeas;[7] Aín, Rimón, Eter y Asán; cuatro ciudades con sus aldeas;[8] y todas las aldeas que estaban alrededor de estas ciudades hasta Baalat-beer, que es Ramat del Neguev. Esta es la heredad de la tribu de los hijos de Simeón conforme a sus familias.[9] De la suerte de los hijos de Judá fue sacada la heredad de los hijos de Simeón, por cuanto la parte de los hijos de Judá era excesiva para ellos; así que los hijos de Simeón tuvieron su heredad en medio de la de Judá.[10] La tercera suerte tocó a los hijos de Zabulón conforme a sus familias; y el territorio de su heredad fue hasta Sarid.[11] Y su límite sube hacia el occidente a Marala, y llega hasta Dabeset, y de allí hasta el arroyo que está delante de Jocneam;[12] y gira de Sarid hacia el oriente, hacia donde nace el sol, hasta el límite de Quislot-tabor, sale a Daberat, y sube a Jafía.[13] Pasando de allí hacia el lado oriental a Gat-hefer y a Ita-cazín, sale a Rimón rodeando a Nea.[14] Luego, al norte, el límite gira hacia Hanatón, viniendo a salir al valle de Jefte-el;[15] y abarca Catat, Naalal, Simrón, Idala y Belén; doce ciudades con sus aldeas.[16] Esta es la heredad de los hijos de Zabulón conforme a sus familias; estas ciudades con sus aldeas.[17] La cuarta suerte correspondió a Isacar, a los hijos de Isacar conforme a sus familias.[18] Y fue su territorio Jezreel, Quesulot, Sunem,[19] Hafaraim, Sihón, Anaharat,[20] Rabit, Quisión, Abez,[21] Remet, En-ganim, En-hada y Bet-pases.[22] Y llega este límite hasta Tabor, Sahazima y Bet-semes, y termina en el Jordán; dieciséis ciudades con sus aldeas.[23] Esta es la heredad de la tribu de los hijos de Isacar conforme a sus familias; estas ciudades con sus aldeas.

Texto Referencia: Josué 19:24-51

24 La quinta suerte correspondió a la tribu de los hijos de Aser conforme a sus familias. **25** Y su territorio abarcó Helcat, Halí, Betén, Acsaf, **26** Alamelec, Amad y Miseal; y llega hasta Carmelo al occidente, y a Sihorlibnat. **27** Después da vuelta hacia el oriente a Bet-dagón y llega a Zabulón, al valle de Jefte-el al norte, a Bet-emec y a Neiel, y sale a Cabul al norte. **28** Y abarca a Hebrón, Rehob, Hamón y Caná, hasta la gran Sidón. **29** De allí este límite tuerce hacia Ramá, y hasta la ciudad fortificada de Tiro, y gira hacia Hosa, y sale al mar desde el territorio de Aczib. **30** Abarca también Uma, Afec y Rehob; veintidós ciudades con sus aldeas. **31** Esta es la heredad de la tribu de los hijos de Aser conforme a sus familias; estas ciudades con sus aldeas. **32** La sexta suerte correspondió a los hijos de Neftalí conforme a sus familias. **33** Y abarcó su territorio desde Helef, Alón-saananim, Adami-neceb y Jabneel, hasta Lacum, y sale al Jordán. **34** Y giraba el límite hacia el occidente a Aznot-tabor, y de allí pasaba a Hucoc, y llegaba hasta Zabulón al sur, y al occidente confinaba con Aser, y con Judá por el Jordán hacia donde nace el sol. **35** Y las ciudades fortificadas son Sidim, Zer, Hamat, Racat, Cineret, **36** Adama, Ramá, Hazor, **37** Cedes, Edrei, En-hazor, **38** Irón, Migdal-el, Horem, Bet-anat y Bet-semes; diecinueve ciudades con sus aldeas. **39** Esta es la heredad de la tribu de los hijos de Neftalí conforme a sus familias; estas ciudades con sus aldeas. **40** La séptima suerte correspondió a la tribu de los hijos de Dan conforme a sus familias. **41** Y fue el territorio de su heredad, Zora, Estaol, Ir-semes, **42** Saalabín, Ajalón, Jetla, **43** Elón, Timnat, Ecrón, **44** Elteque, Gibetón, Baalat, **45** Jehúd, Bene-berac, Gat-rimón, **46** Mejarcón y Racón, con el territorio que está delante de Jope. **47** Y les faltó territorio a los hijos de Dan; y subieron los hijos de Dan y combatieron a Lesem, y tomándola la hirieron a filo de espada, y tomaron posesión de ella y habitaron en ella; y llamaron a Lesem, Dan, del nombre de Dan su padre. **48** Esta es la heredad de la tribu de los hijos de Dan conforme a sus familias; estas ciudades con sus aldeas. **49** Y después que acabaron de repartir la tierra en heredad por sus territorios, dieron los hijos de Israel heredad a Josué hijo de Nun en medio de ellos; **50** según la palabra de Jehová, le dieron la ciudad que él pidió, Timnat-sera, en el monte de Efraín; y él reedificó la ciudad y habitó en ella. **51** Estas son las heredades que el sacerdote Eleazar, y Josué hijo de Nun, y los cabezas de los padres, entregaron por suerte en posesión a las tribus de los hijos de Israel en Silo, delante de Jehová, a la entrada del tabernáculo de reunión; y acabaron de repartir la tierra.

Texto Referencia: Josué 20:1-9

Habló Jehová a Josué, diciendo:[2] Habla a los hijos de Israel y diles: Señalaos las ciudades de refugio, de las cuales yo os hablé por medio de Moisés,[3] para que se acoja allí el homicida que matare a alguno por accidente y no a sabiendas; y os servirán de refugio contra el vengador de la sangre.[4] Y el que se acogiere a alguna de aquellas ciudades, se presentará a la puerta de la ciudad, y expondrá sus razones en oídos de los ancianos de aquella ciudad; y ellos le recibirán consigo dentro de la ciudad, y le darán lugar para que habite con ellos.[5] Si el vengador de la sangre le siguiere, no entregarán en su mano al homicida, por cuanto hirió a su prójimo por accidente, y no tuvo con él ninguna enemistad antes.[6] Y quedará en aquella ciudad hasta que comparezca en juicio delante de la congregación, y hasta la muerte del que fuere sumo sacerdote en aquel tiempo; entonces el homicida podrá volver a su ciudad y a su casa y a la ciudad de donde huyó.[7] Entonces señalaron a Cedes en Galilea, en el monte de Neftalí, Siquem en el monte de Efraín, y Quiriat-arba (que es Hebrón) en el monte de Judá.[8] Y al otro lado del Jordán al oriente de Jericó, señalaron a Beser en el desierto, en la llanura de la tribu de Rubén, Ramot en Galaad de la tribu de Gad, y Golán en Basán de la tribu de Manasés.[9] Estas fueron las ciudades señaladas para todos los hijos de Israel, y para el extranjero que morase entre ellos, para que se acogiese a ellas cualquiera que hiriese a alguno por accidente, a fin de que no muriese por mano del vengador de la sangre, hasta que compareciese delante de la congregación.

Texto Referencia: Josué 21:1-7

Los jefes de los padres de los levitas vinieron al sacerdote Eleazar, a Josué hijo de Nun y a los cabezas de los padres de las tribus de los hijos de Israel,[2] y les hablaron en Silo en la tierra de Canaán, diciendo: Jehová mandó por medio de Moisés que nos fuesen dadas ciudades donde habitar, con sus ejidos para nuestros ganados.[3] Entonces los hijos de Israel dieron de su propia herencia a los levitas, conforme al mandato de Jehová, estas ciudades con sus ejidos.[4] Y la suerte cayó sobre las familias de los coatitas; y los hijos de Aarón el sacerdote, que eran de los levitas, obtuvieron por suerte de la tribu de Judá, de la tribu de Simeón y de la tribu de Benjamín, trece ciudades.[5] Y los otros hijos de Coat obtuvieron por suerte diez ciudades de las familias de la tribu de Efraín, de la tribu de Dan y de la media tribu de Manasés.[6] Los hijos de Gersón obtuvieron por suerte, de las familias de la tribu de Isacar, de la tribu de Aser, de la tribu de Neftalí y de la media tribu de Manasés en Basán, trece ciudades.[7] Los hijos de Merari según sus familias obtuvieron de la tribu de Rubén, de la tribu de Gad y de la tribu de Zabulón, doce ciudades.

Texto Referencia: Josué 21:8-26

[8] Dieron, pues, los hijos de Israel a los levitas estas ciudades con sus ejidos, por suertes, como había mandado Jehová por conducto de Moisés. [9] De la tribu de los hijos de Judá, y de la tribu de los hijos de Simeón, dieron estas ciudades que fueron nombradas, [10] las cuales obtuvieron los hijos de Aarón de las familias de Coat, de los hijos de Leví; porque para ellos fue la suerte en primer lugar. [11] Les dieron Quiriat-arba del padre de Anac, la cual es Hebrón, en el monte de Judá, con sus ejidos en sus contornos [12] Mas el campo de la ciudad y sus aldeas dieron a Caleb hijo de Jefone, por posesión suya. [13] Y a los hijos del sacerdote Aarón dieron Hebrón con sus ejidos como ciudad de refugio para los homicidas; además, Libna con sus ejidos, [14] Jatir con sus ejidos, Estemoa con sus ejidos, [15] Holón con sus ejidos, Debir con sus ejidos, [16] Aín con sus ejidos, Juta con sus ejidos y Bet-semes con sus ejidos; nueve ciudades de estas dos tribus; [17] y de la tribu de Benjamín, Gabaón con sus ejidos, Geba con sus ejidos, [18] Anatot con sus ejidos, Almón con sus ejidos; cuatro ciudades. [19] Todas las ciudades de los sacerdotes hijos de Aarón son trece con sus ejidos. [20] Mas las familias de los hijos de Coat, levitas, los que quedaban de los hijos de Coat, recibieron por suerte ciudades de la tribu de Efraín. [21] Les dieron Siquem con sus ejidos, en el monte de Efraín, como ciudad de refugio para los homicidas; además, Gezer con su ejidos, [22] Kibsaim con sus ejidos y Bet-horón con sus ejidos; cuatro ciudades. [23] De la tribu de Dan, Elteque con sus ejidos, Gibetón con sus ejidos, [24] Ajalón con sus ejidos y Gat-rimón con sus ejidos; cuatro ciudades. [25] Y de la media tribu de Manasés, Taanac con sus ejidos y Gat-rimón con sus ejidos; dos ciudades. [26] Todas las ciudades para el resto de las familias de los hijos de Coat fueron diez con sus ejidos.